IBRAM X. KENDI

Ibram X. Kendi es profesor Andrew W. Mellon de Humanidades en la Universidad de Boston y director fundador del Centro de Investigación Antirracista de la misma institución. Es autor de numerosos libros, entre ellos los *bestseller Cómo ser antirracista* y *Stamped,* este último ganador del National Book Award, que fue reeditado para jóvenes lectores por Jason Reynolds y adaptado a novela gráfica por el dibujante Joel Christian Gill. En 2021, al doctor Kendi se le concedió la beca MacArthur, popularmente conocida como la "beca de los genios". Puedes encontrar más información sobre el doctor Kendi en Instagram, TikTok y X: @ibramxk.

NIC STONE

Nic Stone nació en Atlanta, Georgia, y es egresada de Spelman College. Su primera novela para jóvenes, *Querido Martin,* fue un *bestseller* del *New York Times*. También es autora de los libros *Clean Getaway, Dear Justyce* (una secuela de *Querido Martin*), *Odd One Out, Jackpot* y *Shuri: A Black Panther Novel*. Es una de las autoras de *Blackout*, otro *bestseller* del *New York Times*, adquirido para su adaptación en una serie de Netflix producida por Higher Ground, la productora de Barack y Michelle Obama. Puedes encontrar más información sobre Nic Stone en nicstone.info o @nicstone.

T0361670

CÓMO SER UN (JOVEN) ANTIRRACISTA

Ibram X. Kendi y Nic Stone

Traducción de Daniel Esparza

VINTAGE ESPAÑOL

Penguin
Random House
Grupo Editorial

Originalmente publicado en inglés bajo el título *How to be a (young) antiracist*
por Kokila, una división de Penguin Random House LLC, Nueva York, en 2023.

Primera edición: abril de 2025

Publicado por Vintage Español®, marca registrada
de Penguin Random House Grupo Editorial USA, LLC
8950 SW 74th Court, Suite 2010
Miami, FL 33156

Traducción: Daniel Esparza

Diseño: Jasmin Rubero. Adaptación de PRHGE

Impreso en Colombia / *Printed in Colombia*

Información de catalogación de publicaciones disponible
en la Biblioteca del Congreso de los Estados Unidos

ISBN: 979-8-89098-305-3

25 26 27 28 29   10 9 8 7 6 5 4 3 2 1

Para los optimistas empedernidos.
Ganaremos. Algún día.

—I. X. K. y N. S.

Unas breves palabras antes de empezar...

Como seguramente habrán deducido de la frase que aparece en la portada, "Inspirado en el *bestseller* internacional *Cómo ser antirracista*", este libro está… inspirado en el *bestseller* internacional *Cómo ser antirracista*, las revolucionarias memorias del doctor Ibram X. Kendi.

Y el *inspirado en* es muy importante porque este libro tiene una estructura diferente a la de su fuente de inspiración. De ahí que yo, su querida narradora, Nic Stone, incluya esta pre-introducción como una especie de hoja de ruta para el viaje no lineal que van a emprender a través de la vida del doctor Kendi.

Este viaje se divide en tres partes (o actos, si queremos ponernos en plan narrativo):

INTERIOR: Enfrentarse a uno mismo

Los conceptos que aquí se abordan —definiciones, duelo de conciencia, poder, biología, comportamiento, negro y blanco— se centran en el examen de los paradigmas; es decir, los pensamientos e ideas fundamentales que conforman nuestra visión de nosotros mismos y de los demás.

EXTERIOR: Enfrentarse al mundo

Una vez que nos hayamos realizado un autoexamen y reajuste, será el momento de mirar hacia fuera y examinar, a nivel microscópico, las formas en que el racismo impregna el mundo en que vivimos y se entrecruza con otras formas de maltrato entre las personas. Hablamos de color, etnia, cuerpo, género, orientación, clase, cultura y espacio.

AL REVÉS: Cambiar el mundo

Aquí es donde entramos en acción, jefe. Vamos a pasar del fracaso al éxito y a profundizar en lo que yo —Nic— llamo las Cuatro C del Cambio: coherencia, compasión, creatividad y colaboración. También nos aseguraremos de tener un sólido control sobre la capacidad de seguir adelante a pesar de los obstáculos. Y sé que muchos de ustedes, lectores, se sienten preparados para salir ahí fuera y derribar los viles muros del racismo, así que, ¿por qué no pasar directamente a esta sección?

Bueno, podrías hacerlo, obviamente…

Pero, en mi humilde opinión, te convendría leer primero las otras dos secciones.

Porque, como descubrirás, querido lector, ser antirracista es más que una decisión rápida y fácil que tomar. (Y, por cierto, no tienes por qué tomarla ahora mismo. Hazte a ti mismo —y al mundo— un favor leyendo primero el libro).

Ser antirracista es… Bueno, no te arruinaré la sorpresa. Abróchate el cinturón y prepárate para el viaje.

EMPEZAR POR EL MEDIO: TU INTRODUCCIÓN (RACISTA)

Es el año 2000 y tú, Ibram X. Kendi, tienes diecisiete años.

Odias llevar traje. Y corbatas.

Lo odias.

Hoy, sin embargo, llevas traje y corbata —camisa negra, pantalones negros, un bléiser marrón dorado, botas del color de la crema que has visto a los adultos echar en el café, y la corbata más brillante y atrevida que has podido encontrar—. También estás en un lugar en el que nunca esperaste estar, a punto de hacer algo que nunca esperaste hacer.

Es tu último año de secundaria y estás a pocos meses de graduarte. Llegar hasta aquí ha sido una dura batalla con un brazo atado a la espalda. ¿Estar aquí? ¿En esta capilla con más de tres mil personas sentadas en filas que se curvan alrededor del largo y arqueado púlpito, todos esperando oír lo que tú tienes que decir? ¿Flanqueado por otros dos estudiantes negros también vestidos de punta en blanco y esperando su turno ante el micrófono?

Sí, esto se siente muy bien.

Es el colofón perfecto a una serie de acontecimientos que han puesto tu mundo —tanto exterior como interior, tu sentido de ti mismo y tus capacidades— completamente patas arriba. Es cierto que tus competidores en la ronda final de la prueba de oratoria Martin Luther King Jr. del condado de Prince William son mucho más listos que tú. Sin duda sacan mejores notas que las que componen tu GPA inferior a 3.0 puntos. Y sus notas en el SAT son cientos de puntos más altas que las tuyas. Tú apenas llegaste a 1,000…

Pero tú estás aquí, igual que ellos.

Ganaste el concurso de oratoria de tu escuela, como supones que hicieron ellos. Pasaste a una ronda por todo el condado, que ellos también ganaron. Te eligieron "el mejor ante el juez", y así acabaste aquí, junto a ellos, en este escenario improvisado.

Y lo mejor de todo: al igual que ellos, tú vas a la universidad.

Esto podría no sonar como un gran asunto; obviamente, acabarás yendo a la universidad, ¿verdad? Tus padres fueron y, por lo que has oído, eso es lo que hacen todas las personas inteligentes después de terminar la secundaria. Es obvio.

La verdad es que durante un tiempo no te sentiste muy **inteligente**. Abandonaste la clase de inglés del Bachillerato porque no podías entender a Shakespeare. "No hay manera de que sea lo suficientemente listo para una universidad", pensabas.

Pero estar en este escenario te demuestra, y no es la primera vez, lo equivocado que estás acerca de ti mismo. Y, como pronto descubrirás, el apasionado discurso que estás a punto de pronunciar es solo el principio.

Lo de la universidad te había tomado por sorpresa: unas semanas antes, te habías ocupado del baloncesto, lanzando al aro durante una típica sesión de calentamiento previa a un partido en casa. Atrapas el pase, dribleas hacia delante, saltas suavemente y dejas que el balón ruede por la punta de tus dedos. Corres a la línea opuesta y repites.

Pero entonces se abrió la puerta del gimnasio y entró tu querido padre. Un metro noventa y doscientas libras. Entró en la pista, agitando sus largos brazos para llamar tu atención.

Tu reacción instintiva: vergüenza, ojos muy abiertos y la respiración entrecortada. Por mucho que quieras a tu padre, su actitud displicente hacia lo que con el tiempo llamarás el "juez blanco" —el nombre personificado de la abrumadora sensación de que los blancos con poder están evaluando cada uno de tus movimientos... algo que a papá le importa un bledo— te sacó de quicio. ¿Evitar que se muestren sus verdaderos sentimientos? No. ¿Que baje la voz? Jamás. ¿Evitar hacer cualquier tipo de escena? Ni hablar.

Te asustaba tener un padre afroamericano que vivía según sus propias reglas. Era precisamente el tipo de actitud que podría haberle llevado a ser linchado en el pasado o abatido a tiros por un vigilante civil o un oficial de las fuerzas del orden en la actualidad.

Pero, en cualquier caso, allí estaba. Así que corriste a su encuentro.

Se veía un poco friki. Lo que era raro.

Cuando llegaste hasta él, te entregó un sobre. Te dijo que lo abrieras. Cómo... justo en ese momento, en la línea de medio campo antes de un partido. Con *todo el mundo* mirando. Incluyendo a toda la gente blanca.

Por supuesto, lo hiciste.

Era una carta de aceptación de la Universidad de Hampton, una de las dos universidades a las que habías aplicado, con el único propósito de decir que lo habías intentado.

Esa carta de aceptación puso patas arriba tu visión del mundo. A pesar de los resultados de los exámenes y los boletines de notas, sí eras lo suficientemente listo como para ir a la universidad. La otra universidad a la que solicitaste plaza, Florida A&M University, es a la que acabarás asistiendo, así que está claro que también has sido admitido (aunque todavía no lo sabes).

De pie en aquella cancha frente a tu padre, varias ideas erróneas se desvanecieron en tu mente. También lo hizo tu sentido de lo que más tarde llegarías a conocer como la "mirada blanca". Con esa carta en la mano, lo que creías sobre "inteligencia", que se demostraba supuestamente con notas y resultados de exámenes, perdió un poco de validez.

De acuerdo, aún tienes muchas ideas que desaprender y sustituir. Aún no eres un gran lector, pero pronto lo serás. Y con el tiempo, mirarás atrás y verás muchas cosas a través de una lente más limpia.

Pero este momento en la cancha de baloncesto es uno que no olvidarás. Es el momento en el que despiertas a la idea de... algo más.

Ahora volvamos al concurso de oratoria MLK. Eres el primero.

Y antes de empezar, deberías saber esto: llegarás a recordar el "discurso" que estás a punto de dar con... lo contrario de orgullo.

Por ahora, sin embargo, estás emocionado. Listo para empezar. Preparado para compartir lo que crees que es una versión actualizada del sueño del doctor King.

Así que tomas tu lugar y comienzas.

"¿Cuál sería el mensaje del doctor King para este milenio? Visualicemos a un enfadado doctor King de setenta y un años. [Fue feliz, nuestra emancipación de la esclavitud... Pero...] Ahora, ciento treinta y cinco años después, el negro todavía no es libre...".

"*¡Las mentes de nuestros jóvenes siguen cautivas!*".

"¡Ellos [la juventud negra] creen que está bien ser los más temidos de nuestra sociedad!".

"¡Creen que está bien no pensar!".

"¡Creen que está bien subirse al alto árbol del embarazo!".

"¡Creen que está bien limitar sus sueños a los deportes y la música!". (Aplausos, aplausos y más aplausos.)

"Sus mentes están cautivas, y las de nuestros adultos junto a las de ellos".

"Porque de alguna manera piensan que la revolución cultural que comenzó el día del nacimiento de mi sueño ha terminado".

"¿Cómo puede acabarse cuando muchas veces no tenemos éxito porque carecemos de coraje en nuestras entrañas?".

(Todos aplauden).

"¿Cómo puede acabarse si nuestros hijos salen de casa sin saber cómo hacerse cargo de sí mismos, solo sabiendo cómo olvidarse de sí mismos?".

(Todos aplauden).

"¿Cómo puede acabarse si todo esto está ocurriendo en nuestra comunidad?".

Y entonces... con todo el mundo al borde de sus asientos, pendiente de cada una de tus palabras, bajas la voz para el final:

"Por eso les digo, amigos míos, que, aunque esta revolución cultural no termine nunca, *yo todavía tengo un sueño...*".

Y el público *enloquece*.

Una multitud llena de adultos afroamericanos. (Estás en una iglesia negra, después de todo).

Validación.

Pero la cosa es que... estás equivocado. Y todos los que estuvieron de acuerdo contigo a modo de aplauso también están equivocados.

Tardarás algún tiempo en darte cuenta de que tus palabras no son tan virales como el sonoro aplauso te lo ha hecho creer.

Con el tiempo, te darás cuenta de que hará falta algo más que un par de cartas de admisión a la universidad y un puesto en la final de un concurso de oratoria para cambiar tu percepción de ti mismo y de los demás negros.

En este momento, sin embargo, con la aprobación de todos los hombres, mujeres y niños negros zumbando en tus oídos, no te das cuenta...

Pero todo lo que has dicho es racista.

Más tarde, te preguntarás: ¿Fue tu pobre idea de ti mismo lo que generó tu pobre idea de tu gente? ¿O fue tu mala percepción de tu gente lo que alimentó tu mala percepción de ti mismo?

Ambas cosas eran evidentes en ese discurso.

Por ejemplo...

Has mencionado que las mentes de nuestros jóvenes están "cautivas", pero ¿de qué están cautivas exactamente?

Has mencionado que a los jóvenes negros les parece bien que se les tema... pero ¿es solo culpa suya?

Has mencionado que los jóvenes negros están a gusto con no pensar... que es poco más que una remezcla del viejo adagio de que los niños negros no valoran la educación tanto como los no negros. Pero ¿es eso cierto?

El número tres es particularmente *insidioso*, y es una palabra que llegarás a utilizar y que básicamente significa *malvado*, así, a lo ruin villano. Porque no se te ha ocurrido que incluso tú habías sido presa de lo mismo que gritabas. ¿Recuerdas tu sorpresa al entrar no en una, sino en dos universidades? Dicho *shock* vino de tu creencia de que eras un pésimo estudiante. La cuestión es que ese desorden que soltabas provenía de mensajes —de negros, blancos y medios de comunicación— que te decían que la maldad tenía su origen en tu raza. Eso (naturalmente) frenó tu motivación para esforzarte más, lo que reforzó el tercer punto: Los negros no son muy estudiosos.

El ciclo seguía y seguía porque te habías creído a pies juntillas esa idea racista. Hasta el punto de que estabas preparado y listo para predicar esa misma idea —y las otras— a una multitud de negros el Día de MLK en forma de un discurso revisado de "Tengo un sueño".

Eso es lo que pasa con las ideas racistas: hacen que las personas de color piensen mal de sí mismas… lo que las hace más vulnerables a las ideas racistas (se trata de **racismo interiorizado**, pero hablaremos de eso más adelante). Y luego, en el lado opuesto, las mismas ideas racistas hacen que los blancos piensen mejor acerca de sí mismos, lo que les atrae aún más a las ideas racistas. Y todo esto suele ocurrir en el interior de las personas sin que nadie se dé cuenta. Incluyéndote a ti.

Porque ese es el objetivo de ese ruin villano que es la ideología racista: nos manipula para que pensemos que el problema son las personas y, por tanto, los grupos de personas, en lugar de las políticas que perpetúan las desigualdades raciales.

Pero nos estamos adelantando.

Lo que hay que saber antes de retroceder en el tiempo hasta el comienzo de la historia:

- El *racismo* es real y ruin, y negarlo es lo que mantiene latiendo su horrible corazón.
- *Racista* es más un adjetivo que un sustantivo y no es un insulto; cualquiera que lo tome como un insulto o intente utilizarlo como tal probablemente no sepa lo que significa realmente la palabra.

- *No ser racista* no existe en la lucha por un mundo más justo; hay *racistas* y hay *antirracistas*.
- El *daltonismo* aplicado a la raza tampoco existe; al igual que "no ser racista", es parte de la negación que mantiene la sangre vital bombeando a través de ese horrible e insidioso corazón del racismo.

A estas alturas de tu vida, eres racista la mayor parte del tiempo. Sí, has leído bien. Tú, IXK, un joven negro, estás de acuerdo con muchas ideas racistas.

Pero no será así para siempre. Y de eso trata este libro: del viaje para ser plenamente humano y ver a los demás como plenamente humanos.

Y te darás cuenta de que el paso del racismo al antirracismo es un proceso continuo, que requiere comprender y rechazar el racismo basado en ideas erróneas sobre la biología, la etnia, el cuerpo, la cultura, el comportamiento, el color, el espacio y la clase, porque el antirracismo también implica estar dispuesto a luchar en las intersecciones del racismo con otras formas de prejuicio y fanatismo.

Es hora de aprender lo que realmente significa ser **ANTI-RRACISTA**.

Primera parte

INTERIOR: ENFRENTARSE A UNO MISMO

Empecé a silenciar la guerra dentro de mí... y empecé a abrazar la lucha hacia una única conciencia antirracista.

—Dr. Ibram X. Kendi, *Cómo ser antirracista*

- 1 -

DEFINICIONES: POR QUÉ IMPORTAN
(Tanto como las vidas negras)

Para llegar a ese discurso que te cambiará la vida, tenemos que empezar incluso antes de tus inicios. Doce años antes. En 1970. Fue entonces, en una conferencia de la InterVarsity Christian Fellowship llamada Urbana 70, cuando la vida de la mujer y el hombre que se convertirían en tu madre y tu padre dio un vuelco.

Por primera vez, la segunda noche de esta muy importante cumbre evangélica para universitarios estaría dedicada a la teología negra.

¿Qué es la *teología negra*?, te preguntarás.

Bueno, tus padres, Carol y Larry, también se lo preguntaban. Es parte de la razón por la que decidieron ir —cada quien por su lado— a Urbana 70. Habían oído que iba a tocar un grupo genial llamado Soul Liberation y que el predicador principal de la noche de teología negra era un tipo llamado Tom Skinner.

En aquel momento, Skinner, nacido en Harlem, antiguo miembro de una pandilla e hijo de un predicador baptista (un oxímoron, lo sé), estaba ganando popularidad como defensor de eso que llaman *teología de la liberación negra*. Tu madre conoció la obra de Skinner por casualidad: ella tenía un compañero de clase en la universidad que resultó ser el hermano menor de Skinner. Y tu padre tropezó con las enseñanzas del tipo después de tomar un curso universitario que le abrió los ojos a un montón de cosas que no había notado acerca de la experiencia de los negros en los Estados Unidos. Intentaba conciliar lo que había aprendido con una fe cristiana que no parecía encajar.

Tus padres habían leído un par de libros de Tom Skinner, y ambos tenían ganas de saber más. Porque la forma en que Skinner hablaba de la conexión entre *fe* y *libertad* parecía apelar a algo muy dentro de ellos.

Volvamos a la conferencia. Soul Liberation abrió el evento. El grupo de músicos bailaba en el escenario con dashikis de colores, y todos los miembros llevaban afros que sobresalían de sus cabezas como puños levantados en señal de solidaridad. Aquella noche había doce mil universitarios entre el público, pero solo unos quinientos eran negros. Y casi todos se habían agolpado en la parte delantera del estadio para estar cerca del escenario.

Mientras Soul Liberation tocaba, el aire de la arena cambió. No había coros ni himnos. En su lugar, el espacio se llenó de tambores atronadores y de bajos pesados, con canciones como "Power to the People" y "Put On the Whole Armor". Pronto, miles de estudiantes blancos se pusieron de pie, bailando, balanceándose y cantando. Cada acorde y cada palabra parecían preparar a la multitud para lo que Skinner iba a decir. Su discurso, después de todo, se titulaba "La crisis racial de Estados Unidos y el evangelismo mundial". Todo el mundo sabía que se trataba de es, porque estaba impreso en el programa de Urbana 70.

Y entonces allí estaba él. Traje negro, camisa blanca, corbata roja.

Piel morena.

No empezó con lugares comunes, versículos de las Escrituras o palabras de ánimo. Allí, frente a quinientos estudiantes negros y doce mil quinientos blancos, Skinner comenzó su sermón…

… con una inmersión profunda en la historia del racismo. Y tus padres pasaron los siguientes cincuenta y tantos minutos viendo sus mundos ser puestos patas arriba. Skinner replanteó sus creencias en torno a un hombre al que calificó de *revolucionario radical*. Un hombre que, según él, hablaba "de la cuestión de la esclavitud" y la "injusticia" y la "desigualdad". Skinner dijo que "cualquier evangelio que no quiera ir a donde la gente está hambrienta y sumida en la pobreza y liberarla" no era el evangelio del libro sagrado al que sus padres acudían para que les guiara en sus vidas.

Dejó caer el proverbial micrófono con la última línea: "¡El libertador ha llegado!".

El libertador había llegado.

La última frase retumbó entre la multitud. Los estudiantes prácticamente saltaron de sus asientos.

¿Qué tiene que ver esto contigo?

Bueno, esto cambió completamente los paradigmas de tus padres. Modificó sus misiones individuales.

Encontraron la manera de compaginar su fe y su lucha por la liberación de los negros. En las dos décadas anteriores, los años 50 y 60, personas como Malcolm X, Fannie Lou Hamer y Stokely Carmichael —todos ellos antirracistas— se habían enfrentado a los segregacionistas y asimilacionistas (hablaremos de ellos más adelante). Habían iniciado un movimiento por la solidaridad negra, el orgullo cultural negro y el poder económico y político negro: el movimiento Poder Negro. Y una vez que tu gente se dio cuenta de que podían hacer ambas cosas: vivir y difundir la palabra del Dios que habían elegido adorar, y unirse a la lucha contra el racismo… que esos dos objetivos estaban interrelacionados…

El resto es historia.

Tu madre volvió a su universidad cristiana y ayudó a crear un sindicato de estudiantes negros que, entre otras cosas, cuestionaba la teología racista, como los símbolos racistas en las puertas de los dormitorios y la falta de estudiantes negros en los programas extracurriculares.

¿Y tu padre? Volvió a casa, dejó el coro de su iglesia y empezó a organizar programas destinados a desafiar a otros cristianos para invitarlos a reflexionar sobre la relación entre su fe confesa y el racismo estadounidense.

Un día de 1971, un año después de que su mundo se tambalease en Urbana 70, tu padre asistió a una clase impartida por James H. Cone. Cone había escrito un libro titulado *Black Theology & Black Power* (*Teología negra y poder negro*) y era conocido por sus enseñanzas sobre la teología de la liberación negra (también conocida como antirracismo + Dios). Cuando terminó la clase, tu padre, tan audaz como siempre, se acercó al profesor (¿recuerdas cómo entró en la cancha de baloncesto para traerte la carta de aceptación de la universidad? Sí, lleva así mucho tiempo) y preguntó: "¿Cuál es su definición de 'cristiano'?".

La respuesta de Cone fue instantánea: "Cristiano es el que lucha por la liberación".

Eso era.

Una definición.

Lo que, como verás, marca la diferencia.

¿A qué viene esto de las definiciones?, te preguntarás. ¿Acaso una cosa no es lo que es?

Bien.

Como descubrieron esos padres tuyos, tener una definición sólida y consensuada de esa cosa abstracta, esa *identidad* que intentaban encarnar, les dio objetivos concretos que perseguir. Las definiciones nos anclan en principios que podemos seguir. Nos dan un punto de partida para describir el mundo y nuestro lugar en él utilizando un lenguaje estable y coherente, de modo que (1) todos entendamos una cosa de la misma manera y (2) podamos trabajar para alcanzar objetivos compartidos, estables y coherentes.

Piénsalo...

Cuando ves una bicicleta, sabes que es una bicicleta porque "bicicleta" tiene una definición concreta que la hace fácilmente identificable por... bueno, por cualquiera que conozca la definición concreta.

> **Bicicleta:** Vehículo de dos ruedas en tándem con un asiento en forma de sillín y un manillar para la dirección, generalmente propulsado por pedales unidos a la rueda trasera con una cadena.

Tus padres tenían una definición consensuada de *cristiano* con la que se alineaban para perseguir un objetivo común: la **liberación**, que podemos definir como "la emancipación del encarcelamiento, la esclavitud o las limitaciones opresivas, incluidas las limitaciones políticas, sociales o económicas o la discriminación racista, mediante la eliminación de todas las ideas y políticas que crean y perpetúan la subyugación".

Tiene el mismo objetivo que el antirracismo.

Así que definamos algunas otras cosas (cortesía del futuro tú).

Racismo: Un poderoso conjunto de **políticas** que sostiene las **desigualdades o injusticias raciales** y se sustenta en ideas de jerarquía racial. También conocido como "racismo institucional", "racismo estructural" y "racismo sistémico".

Racista (adjetivo): Que apoya una **política desigual o injusta** a través de la acción o la inacción, o que expresa una **idea de jerarquía racial**, ambos de los cuales producen y normalizan las **desigualdades o injusticias raciales**.

Racista (sustantivo):

NOTAS DE NIC:

(Así es. No hay definición aquí porque, como se menciona en la introducción, aunque esta palabra se utiliza con frecuencia como sustantivo, para nuestros propósitos en este libro tiene más sentido como adjetivo. Así que vamos a ceñirnos a eso aquí).

Inequidad racial: Cuando dos o más grupos raciales no están en relativa igualdad de condiciones.

Política: Leyes escritas y no escritas, normas, procedimientos, procesos, reglamentos y directrices que rigen a las personas.

Política racista: Cualquier **política** que produzca o mantenga **desigualdad racial o injusticia** entre grupos raciales.

Poder racista: Los responsables políticos crean y mantienen políticas que perpetúan las **desigualdades o injusticias raciales**.

Idea racista: Cualquier idea que sugiera que un grupo racial es inferior o superior a otro grupo racial en cualquier sentido.

Ejemplo:
Un departamento de policía crea una unidad de lucha contra las drogas para que actúe principalmente en las zonas predominantemente negras o latinas. El resultado es una mayor presencia policial en las zonas predominantemente pobladas por personas negras o latinas.

NOTAS DE NIC:
Vean esta cita del político racista Thomas Jefferson: "Los negros, ya sean originalmente una raza distinta, o hechos distintos por el tiempo y las circunstancias, son inferiores a los blancos en las dotes tanto del cuerpo como de la mente". Pfffff.

Es más, tal y como tú mismo lo demostraste a través de ese discurso inspirado en MLK lleno de ideas racistas hacia el grupo al que perteneces, las **ideas racistas** se aprenden. Básicamente, las escuchas una y otra vez desde múltiples direcciones hasta que finalmente las crees y las aceptas en tu visión del mundo, a menudo sin darte cuenta (o sin darte cuenta de que algunas de las cosas que crees tienen su origen en ideas racistas).

Pero he aquí la buena noticia: como reza el título de este libro, hay otra forma de ser que puedes elegir (y elegirás). Un concepto definible diferente al que te aferrarás.

Redoble de tambores, por favor...

Antirracismo: Una poderosa colección de **políticas** que conducen a la **equidad y la justicia raciales**, y se fundamentan en ideas de igualdad racial.

Antirracista (adjetivo): Apoyar una **política equitativa y justa** mediante la acción o la inacción, o expresar **ideas de igualdad racial**, ya que ambas producen y normalizan la **equidad y la justicia raciales**.

Antirracista (sustantivo): Persona que toma la decisión consciente de apoyar o promulgar políticas equitativas y justas, y expresa ideas que producen y normalizan la igualdad racial, al tiempo que denuncia, señala y se opone a las políti-

> **Ejemplo:**
> La equidad racial podría ser: porcentajes relativamente iguales de propiedad de la vivienda entre las familias blancas, negras y latinas en cualquier periodo de tiempo; esperanza de vida y tasas de mortalidad infantil y supervivencia al cáncer y diagnóstico de enfermedades crónicas relativamente iguales entre los grupos raciales.

cas e ideas que mantienen la desigualdad y la injusticia raciales.

Equidad racial: Cuando dos o más grupos raciales mantienen relativa igualdad y experimentan resultados relativamente similares o iguales.

Política antirracista: Cualquier **política** que produzca o sostenga la **equidad racial y la justicia** entre grupos raciales.

Idea antirracista: Cualquier noción que sugiera que todos los grupos raciales son iguales y que ninguno necesita desarrollarse.

En otras palabras, hay esperanza. Y como ahora tienes definiciones, (eventualmente) serás capaz de desenterrar el material **racista** (adjetivo) tanto en tu mente como en el mundo. Y podrás contrarrestarlo

Ejemplo:
Ningún grupo racial es más o menos inteligente que cualquier otro grupo racial; ningún grupo racial es más o menos violento que cualquier otro grupo racial; ningún grupo racial es más o menos peligroso que cualquier otro grupo racial; ningún grupo racial es más o menos estudioso, atlético, promiscuo, emocionalmente maduro, bien educado, bueno en matemáticas, físicamente atractivo, y así sucesivamente (inserte otras innumerables características arbitrarias que aplicamos a los demás).

con el material **antirracista** necesario para crear y apoyar **políticas antirracistas**.

Con estas definiciones, podremos literalmente cambiar el mundo. Convertirlo en un lugar más equitativo.

Una última observación: no hay neutralidad en la lucha contra el racismo. **Racista** no es un insulto. No se refiere únicamente a los que desfilan escupiendo vitriolo **racista** (adjetivo). Cuando se trata de esta lucha, todos estamos (a) apoyando la noción de una jerarquía racial a través del racismo o (b) respaldando la idea de la igualdad racial a través de nuestros pensamientos y acciones, lo que implica ver y afrontar las desigualdades raciales para poder desmantelarlas. O perpetuamos el racismo —incluso a través del silencio— o elegimos oponernos a él en cada oportunidad.

Tenlo en cuenta: en algún momento de tu viaje, te dirán que la forma "correcta" de enfrentarse al racismo es dejar de hablar tanto de la raza. Ver a las personas como personas y ya está. Cero conciencia de "color". Pero la cuestión es que la decisión de no "ver" el color, de ser "daltónico", es también una decisión de ignorar las desigualdades raciales, lo que, por defecto, implica mantenerlas.

Es importante ver y reconocer que las personas tienen un aspecto diferente y que se las clasifica en función de ello, para poder ver y reconocer que se las trata de forma diferente en función de esas categorías. El objetivo del **antirracismo** no es "eliminar" las diferencias de color, sino separar las ideas perjudiciales de los colores que vemos. O se cree que los problemas tienen su origen en grupos de personas o en las características de los grupos raciales, o se ven las raíces de los problemas en el poder y en las políticas que mantienen la desigualdad racial.

Podemos dejar que el racismo siga existiendo o podemos oponernos a él.

Hay una cita de una poderosa mujer antirracista llamada Audre Lorde. La dijo en 1980, dos años antes de tu nacimiento y una década después de que tus padres transformaran sus trayectorias en Urbana 70:

> Todos hemos sido programados para responder a las diferencias humanas entre nosotros con miedo y aversión y para manejar esa diferencia de una de estas tres maneras: ignorarla, y si eso no es posible, copiarla si pensamos que es dominante, o destruirla si pensamos que es subordinada. Pero no tenemos patrones para relacionarnos a través de nuestras diferencias humanas como iguales.

Pero tú, amigo mío, vas a definir tus términos y elegir un camino diferente. Porque:

Ser antirracista (verbo): Cuando se apoyan o promulgan políticas y se expresan ideas que producen y normalizan la equidad y la igualdad raciales, o se denuncian, señalan y se oponen políticas e ideas que mantienen la desigualdad y la injusticia raciales.

… es y será siempre mejor que:

Ser racista (verbo): Cuando una persona apoya ideas o políticas, mediante su acción o inacción

—que producen y normalizan la desigualdad o la injusticia racial— o denuncia y se opone a políticas e ideas que sustentan la equidad y la justicia raciales.

Tú vas a llevar adelante una revolución **antirracista**. Solo tienes que nacer primero.

UNA NOTA SOBRE LA ACCIÓN AFIRMATIVA Y OTRAS POLÍTICAS ANTIRRACISTAS QUE SON INCLUIDAS EN LA FALSA CLASIFICACIÓN DE "DISCRIMINACIÓN A LA INVERSA"

Sí, de acuerdo, quieres seguir con tu historia, pero tenemos que hacer una pausa para añadir unas cuantas definiciones más con el fin de que podamos entender bien esto del **antirracismo**. Es importante.

> **Discriminación:** Tratar, considerar o hacer una distinción a favor o en contra de una persona o grupo de personas basándose en un grupo, clase o categoría.

Cuando se trata de raza, durante la mayor parte de tu vida te enseñarán que la **discriminación** es algo malo e inherentemente **racista**. Pero te darás cuenta de que hay una gran diferencia entre la **discriminación racista** y la **discriminación antirracista**.

> **Discriminación racista:** Tratar, considerar o hacer una distinción a favor o en contra de la raza de una persona o grupo de personas que crea o perpetúa la desigualdad racial.

Discriminación antirracista: Tratar, considerar o hacer una distinción a favor o en contra de la raza de una persona o grupo de personas que crea **equidad racial**.

Básicamente, una persona o institución que discrimina y mantiene la desigualdad asegurándose de que el grupo racial dominante se quede con la mayor parte de la riqueza y el poder es muy diferente de una persona o institución que discrimina desafiando la desigualdad, ayudando y dejando espacio para que los grupos raciales infrarrepresentados también adquieran riqueza y poder.

Piensa en esto: un padre de pelo verde tiene dos hijos, uno de pelo verde como el suyo y otro de pelo azul. El padre compra cuatro rosquillas, le da tres a su hijo de pelo verde y una al niño de pelo azul.

Por supuesto, Azul no puede evitar decir: "Hermano, ¿qué? Somos literalmente iguales en todo menos en el pelo. Deberíamos tener las mismas rosquillas, papá". Y el papá, entrando en razón, sabe que no puede negar que Azul tiene razón. Así que tiene dos opciones. Una es coger una de las tres rosquillas de Verde y dársela a Azul. *Boom*, igualdad. Pero Verde no está de acuerdo. Por un lado, Verde se siente dueño de todas las rosquillas que recibió y, por otro, se siente secretamente superior y, por tanto, merecedor de las rosquillas extra.

Lo que nos lleva a la segunda opción: la próxima vez que papá tenga dos rosquillas, se las dará a Azul. Ahora las cosas están igualadas; cada niño recibió tres y no se le quitó nada a Verde…

Lo que me lleva a la Acción Afirmativa.

En la década de 1960, mucho antes de que tú nacieras, el presidente Lyndon B. Johnson puso en marcha la Acción Afirmativa [*Affirmative Action*], un término acuñado por John F. Kennedy, por cierto. La Acción Afirmativa implica, *en ocasiones,* discriminar en favor de las mujeres, las personas con discapacidad o los grupos raciales marginados en las prácticas de contratación, con el objetivo de igualar las condiciones de empleo (crear más equidad) entre los hombres blancos y las mujeres, las personas con discapacidad y las personas de color, como medio de ampliar las oportunidades de empleo.

Y aquí es donde la gente se enfada de verdad y empieza a hablar de *discriminación inversa.**

La mera idea de una política que proteja o remedie los daños sufridos en el pasado por los estadounidenses de color es algo que realmente molesta a algunas personas…, aunque sea para crear igualdad racial. Algunos dicen que no es justo. A TODOS se les debería exigir exactamente lo mismo. Es el equivalente a que Verde se enfade porque Azul recibió dos rosquillas y Verde ninguna, a pesar de que Azul y Verde acaben con el mismo número de rosquillas como resultado.

Pero esta es la cuestión: a menos que TODOS vayan a tener acceso a los mismos recursos, lo que es realmente injusto es imponer a TODOS el mismo nivel de exigencia. Piénsalo: digamos que hay un concurso de clavadas de baloncesto. La persona A tiene un entrenador personal, las últimas y mejores zapatillas de baloncesto y una canasta

* Esto no existe, por cierto. Todo el mundo tiene la capacidad de discriminar, por lo que la discriminación no tiene dirección.

de baloncesto profesional para practicar sus movimientos. Pero la persona B solo tiene videos que puede ver en el teléfono de un amigo cuando está disponible, chanclas y una caja de leche clavada a un poste de luz de madera.

¿Sería una competencia justa?

Lyndon B. Johnson lo dijo mejor en 1965: "No se libera a una persona que durante años ha estado encadenada, se la lleva a la línea de salida de una carrera y luego se le dice: 'Eres libre de competir con todos los demás', y aun así se cree que se ha sido completamente justo".

No tener en cuenta quién recibe más recursos cuando se trata de la competencia que supone la admisión a la universidad crea una ventaja injusta para los que reciben más recursos.

¿Quieres *pruebas* de esta idea?

Aquí van:

1995: Los regentes de la Universidad de California votan a favor de poner fin a los programas de Acción Afirmativa en todos los campus de esta universidad.

1998: Entra en vigor la prohibición.

Una pequeña muestra del resultado: un descenso del 36 % en la admisión de estudiantes afroamericanos y del 47 % en la admisión de estudiantes latinos.

Oh, ¿36 o 47 % no es tanto? De acuerdo. ¿Qué te parece el descenso del 69 % de estudiantes nativos y del 60 % de estudiantes negros en la UCLA?

Ahora bien, la línea común de pensamiento sobre esto es: "Bueno, estoy de acuerdo, obviamente esas 'minorías' que entraron antes de la prohibición de la Acción Afirmativa no estaban tan cualificadas. Así que prohibirla hizo que las cosas volvieran a ser justas porque significa que los puestos que deberían haber ido a solicitantes cualificados no fueron a parar a solicitantes no cualificados".

Pero la cuestión es la siguiente: el sistema de "cualificación" no tiene en cuenta la desigualdad racial generalizada en lo que respecta a los recursos. Porque no todos los sistemas escolares son iguales. Muchos de esos solicitantes "cualificados" asistieron a escuelas secundarias privadas (y claramente preparatorias). Muchos contaban con tutores cuando tenían dificultades y clases de preparación para los exámenes estandarizados, y se ha demostrado que este tipo de preparación aumenta las puntuaciones en cientos.

Incluso los solicitantes blancos "cualificados" que no tenían acceso a escuelas privadas, tutores o preparación de exámenes tenían la ventaja de no estar atrapados tras las rejas de ideas racistas que afectan tanto a su propia visión de la raza a la que pertenecen como a la de los demás. (¿Recuerdas lo sorprendido que estabas por haber entrado en la universidad?).

Para que la admisión en la universidad fuera realmente justa, habría que tener en cuenta un montón de factores: la diferencia racial en la distribución de la riqueza, las desigualdades en la enseñanza pública, la amenaza de los estereotipos, las distintas mediciones del rendimiento en los distintos centros de enseñanza...

En fin, la cuestión es la siguiente: el único remedio contra la **discriminación racista** que conduce a la desigualdad racial es la **discriminación antirracista** que conduce a la igualdad racial. Para lograr el objetivo de la **equidad racial**, la **discriminación racista** que creó una ventaja para los blancos en el pasado (y nadie puede negar que hubo muchísima) tendrá que contrarrestarse con una discriminación antirracista que iguale las condiciones para los no blancos en el presente.

Como escribió el juez del Tribunal Supremo de Estados Unidos, Harry Blackmun, en 1978: "Para superar el racismo, primero debemos tener en cuenta la raza. No hay otro camino. Y para tratar a algunas personas por igual, debemos tratarlas de forma diferente".

El chico de cabello azul necesita un par de rosquillas más para que las cosas estén realmente igualadas.

DOS MENTES: DUELO DE CONCIENCIAS

Bien, volvamos a tu historia.

Así que, después de que a tus padres se les abrieran los ojos y las ideas de par en par en Urbana 70, se dedicaron a sus asuntos (por separado) con pasos llenos de ánimo y corazones dispuestos a la liberación. Ambos tenían grandes ideas para su futuro: Ma quería ir al campo misionero. Llevar el mensaje no solo de salvación, sino de *liberación*, a través de Jesucristo, a la madre patria África. Y papá soñaba con difundir el mensaje de forma creativa escribiendo poesía liberadora.

Estas eran las cosas en las que pensaban en 1973, cuando Soul Liberation celebró un concierto en Harlem que se convirtió en una especie de reencuentro para los asistentes neoyorquinos de Urbana 70. Y aunque les costó tres años y viajes individuales hacia el mismo destino, después de aquel concierto, tu gente se encontró y... ¡*Ka–zing*! Por fin se encendió una chispa.

El momento era un poco inoportuno: Ma perseguía plenamente sus sueños y se marchó a Liberia durante nueve meses. Pero eso no los detuvo (como demuestra el hecho de que nacieras en 1982).

Sin embargo, durante los años que transcurrieron entre la conexión de papá y mamá y su matrimonio, las cosas en el mundo cambiaron (otra vez). Porque las viejas costumbres son difíciles de perder (si es que se pierden). ¿Y las ideas racistas tan arraigadas como aquellas sobre las que se fundó literalmente este país? Bueno, es muy difícil deshacerse de ellas.

Por ejemplo, nuestro buen amigo el presidente Lyndon B. Johnson. ¿Lo recuerdan del capítulo anterior? ¿El que puso en marcha la Acción Afirmativa e hizo esa poderosa analogía con la raza? Pues bien, lo que resulta extraño —y es un ejemplo perfecto de todo este asunto de las dos conciencias en duelo en el que estamos a punto de entrar— es que mientras Johnson decía eso por un lado, por el otro nombraba 1965 como "el año en que este país inició una guerra minuciosa, inteligente y eficaz contra el crimen". Ahora bien, esto puede no parecer gran cosa, pero como hemos mencionado, había un montón de ideas racistas generalizadas flotando en ese momento... incluyendo las que se referían a qué grupo demográfico estaba cometiendo más delitos.

La "guerra contra el crimen" de Johnson se convirtió en la guerra del presidente Richard Nixon contra las drogas en 1971.

Y aquí es donde las cosas se pusieron realmente interesantes.

Aunque hay rumores de que la guerra contra las drogas de Nixon fue racista —en 1994, el asesor de política interior de Nixon, John Ehrlichman, hizo algunas acusaciones fuertes diciendo que Nixon quería usar la guerra contra las drogas para "perturbar" a las comunidades que no le gustaban (los negros y los *hippies* que estaban en contra de la guerra)—, el tipo que inició esos rumores pasó algún tiempo en la cárcel por el escándalo* que hizo que Nixon casi fuera destituido.

Pero...

Incluso si la guerra contra las drogas que inició Nixon no estaba (totalmente) arraigada en el racismo, sus efectos crearon sin duda una serie de desigualdades raciales que todavía no se han corregido, literalmente, medio siglo después.

Esto se debe en parte a que lo que Nixon inició en 1971, Ronald Reagan lo hizo por partida doble en 1982. El año en que naciste.

¿Cómo? Fortaleciendo las fuerzas del orden. Más policías. Penas más duras por consumir o vender drogas. Sentencias obligatorias, es decir, un tiempo determinado de encarcelamiento para las personas condenadas por determinadas actividades. Como resultado de estas políticas más estrictas (no porque hubiera más infracciones de la ley), la población carcelaria estadounidense se cuadruplicó entre 1980 y el cambio de milenio.

¿Cuál es el problema?, estarás pensando. *Si la gente no quiere ir a la cárcel, no debería hacer cosas ilegales.* Sin embargo, lo que surgió como resultado de esta "aplicación más estricta de la ley" no tenía mucho sentido. En 2016, las personas negras y latinas estaban sobrerrepresentadas en la población encarcelada —conformaban el 56 % de los reclusos a pesar de ser solo el 31 % de la población total—, a pesar de que las tasas de consumo de drogas son casi las mismas en las comunidades negras, latinas y blancas.

Si pensabas que la flagrante desigualdad racial en las cifras de detenciones por drogas en comparación con las estadísticas de consumo de drogas era mala, piensa en lo que ocurre cuando esas cifras de detenciones (el asunto de las tasas de consumo similares se ignora totalmente la mayoría de las veces) se ven a través de la lente de las ideas racistas. La propia naturaleza de dichas ideas es que las disparidades estadísticas tienen su origen en las personas, no en las políticas. Lo que significa que hubo quienes asumieron —y que también hoy asumen, ya que esto sigue siendo así cuarenta años después— que el hecho de que más negros fueran arrestados por actividades relacionadas con las drogas era "prueba" de que más negros consumían y vendían drogas… lo que, por defecto, prueba que hay algo inherentemente malo en los negros.

Curiosamente, hay pruebas de políticas que crearon las desigualdades raciales y las mantienen. Como la existencia de subvenciones federales que obligan a la policía a realizar más detenciones por drogas para conseguir más fondos. A pesar de las tasas similares de consumo de drogas entre la población blanca y la población negra y latina (sí, voy a seguir repitiendo esto), y de las pruebas de que la población blanca es más propensa a vender drogas que la población negra, la gran mayoría de estas detenciones obligatorias se produjeron en zonas de bajos ingresos, donde era más probable que las transacciones de drogas tuvieran lugar al aire libre: en las esquinas de las calles, por ejemplo. Y debido a las desigualdades raciales de tipo socioeconómico (sin duda llegaremos a eso un poco más adelante en tu historia), dichas zonas pobres estaban llenas de negros y latinos. Si combinamos eso con el hecho de que los estadounidenses blancos tenían (¡tienen!) mucho más poder político y financiero (lo que a menudo se traduce en una mejor representación legal), tenemos la receta perfecta:

Desigualdades raciales basadas en políticas + ideas racistas = perpetuación del racismo

Y, por desgracia, tus padres, junto con un montón de otros negros, se tragaron la idea de que la gente —su gente— era el problema.

Tenían dos mentes. Una tenía el fuego de la liberación..., pero la segunda estaba apoyando los encarcelamientos.

PAUSA.

A modo de recordatorio, he aquí cómo definimos la primera:

> **Liberación:** Emanciparse del encarcelamiento, la esclavitud o las limitaciones opresivas, incluidas las limitaciones políticas, sociales o económicas o la discriminación racista, mediante la eliminación de todas las ideas y **políticas** que crean y perpetúan la subyugación.

Tus padres aún querían eso para la población negra. La segunda mentalidad enturbió un poco las cosas. Mientras que, por un lado, los negros pedían el fin de la violencia policial, más empleo, mejores escuelas y programas de tratamiento de la drogadicción, por otro, muchos pedían también más policías, penas más duras y obligatorias y más cárceles.

Era como una empatía selectiva. Podían ver las desigualdades manifiestas en la policía, el empleo, la educación y la rehabilitación, pero no prestaban la misma atención a los factores socioeconómicos —es decir, la pobreza— que fomentaban la violencia en las zonas pobres. Si lo hubieran hecho, habrían sido capaces de imaginar que no tenían las necesidades básicas para sobrevivir, o los medios para adquirirlas... y quizá habrían solicitado medidas reparadoras en lugar de punitivas.

En cambio, tus padres y sus contemporáneos recurrieron a esa vieja idea racista que fue la base de la esclavitud de sus antepasados: los negros son inferiores.

Ey, espera, estarás diciendo. *Eso es un salto. Y toda una acusación.*

Esa es la naturaleza embaucadora de la conciencia en duelo: puede centrarse tanto en el fruto que nunca mira más allá de las ramas hacia el tronco y las raíces. En el fondo, tus padres seguían siendo las personas que ardieron en Urbana 70 una docena de años antes: mamá seguía teniendo ese ardor misionero y papá tenía todo tipo de poesía crepitando en su interior. Pero la "vida real" se instaló, y ahí empezaron las dos mentalidades.

Porque lo que ocurría en la "vida real" en la década de 1980, especialmente en la clase media estadounidense —que era (y sigue siendo) desproporcionadamente blanca—, es que había *estándares* (en gran medida tácitos) que debían cumplirse. Estándares total y completamente establecidos por gente blanca basada en nociones de superioridad blanca.

Así que tus amigos ya no podían mirarse a sí mismos y a los demás negros únicamente a través de los ojos de la cultura afroamericana autodeterminada. Tuvieron que adoptar un segundo par de ojos: los de la norma blanca que establecía todas las reglas para cualquier tipo de avance.

Desarrollaron dos mentes: una decidida a ser plenamente negros y a liberar a los negros centrándose en los cambios de la **política racista**, y otra atrapada en la incómoda posición de intentar encajar en los espacios blancos. Lo que exigía verse —y juzgarse— a sí mismos y a otros negros a través de un prisma racista. Querían liberarse, pero sentían la necesidad de asimilarse. Lo que nos lleva a nuestra siguiente serie de *términos muy importantes.*

¿Preparados?

Segregacionista: Aquel que expresa la idea **racista** de que un grupo racial es permanentemente inferior y nunca podrá desarrollarse, y que apoya las **políticas** que separan a ese grupo racial del grupo racial percibido como superior.

Asimilacionista: Aquel que expresa la idea **racista** de que un grupo racial es cultural o conductualmente inferior al grupo dominante, y apoya programas de enriquecimiento cultural o conductual para "desarrollar" a ese grupo racial hasta los estándares del grupo dominante.

Antirracista: Aquel que expresa la idea de que los grupos raciales son iguales en todos los sentidos y que ninguno necesita desarrollarse, y que apoya las **políticas** que crean **equidad y justicia raciales**.

Aquí solía haber dos batallas muy diferentes. Para los negros (y otras personas de color), incluidos tus padres, la guerra interna y el duelo de conciencias se libraban entre las ideas **antirracistas** y las **asimilacionistas**. Por un lado, estaba la creencia **antirracista** de que la gente negra era totalmente capaz de establecer sus propias normas y confiar en sí mismos…, pero, en el otro, estaba la idea **asimilacionista** de que (algunos) negros tenían que esforzarse más por cumplir las normas (de los blancos) para progresar. Subirse los pantalones. Dejar las drogas. Dejar de delinquir. Ir a la escuela. Dejar la asistencia social y los cupones de alimentos.

> NOTAS DE NIC:
>
> Dato curioso: ¿Sabes cuál es el grupo demográfico con mayor número de personas que reciben ayuda del gobierno para alimentación y asistencia sanitaria? Los blancos. Esto tiene todo el sentido del mundo, teniendo en cuenta que las personas blancas representaban el 75.8 % de la población total de Estados Unidos en 2019…, pero los estereotipos racistas te harán creer —y a muchos otros— que la mayor parte de la asistencia pública va a los negros. #MitoRoto

En resumen, tenían que corregir todos los comportamientos que condenaste en tu discurso del Día de MLK. (¡Ups!)

Las ideas asimilacionistas (que combinan a la perfección con la **supremacía blanca**; hablaremos de ello más adelante) tienden a estar en la raíz tanto del antinegro como de las ideas racistas interiorizadas en las comunidades de color. Son la razón por la que a muchos estadounidenses de primera generación no se les enseña la lengua materna de sus padres inmigrantes y por la que muchas personas de color alteran sus rasgos naturales para parecer más europeos.

Esta doble conciencia hacía que los negros, como tus padres, se sintieran bien insistiendo en que no había nada malo en los negros. Pero, por otro lado, creaba una extraña sensación de vergüenza —tú también acabarás sintiéndola—, porque la doble mentalidad también implicaba que había algo malo en el comportamiento de los negros. Atribuir el éxito a la asimilación de las normas sociales de los blancos hace caso omiso de las **políticas** que subyacen a las condiciones que contribuyen a los comportamientos "vergonzosos" de las personas de todas las razas.

La otra batalla es totalmente **racista**: **segregacionistas** contra **asimilacionistas**. Las ideas segregacionistas se basan en la creencia de que los grupos raciales son total e inmutablemente diferentes y de que existe una jerarquía basada en la superioridad genética. Los supremacistas blancos entran en esta categoría (obviamente), pero hay otras manifestaciones más ocultas —y por tanto insidiosas— de esta postura. Como los clubes de campo exclusivamente blancos, que siguen existiendo, incluso al escribir este libro en 2022.

Menos manifiestas, pero no menos destructivas, son las ideas **asimilacionistas** de los blancos. Por un lado, desafían la creencia **segregacionista** de que la gente de color es incapaz de desarrollarse y alcanzar el estándar superior (léase: blanco); pero, por otro lado, está la noción de que la gente de color no es permanentemente inferior, que puede ser "entrenada" para alcanzar el estándar superior (léase: blanco). Las personas negras y otros grupos de color son vistas como niños pequeños a los que hay que enseñar cómo actuar, específicamente, cómo actuar más como los blancos. Son temporalmente inferiores.

Esta conciencia racista dual crea dos tipos de **políticas racistas**. La primera son las **políticas segregacionistas** dirigidas a segregar, encarcelar, deportar y matar a la gente de color. Estas políticas se traducen en cosas como la supresión de votantes, la impunidad de la violencia policial contra las personas de color y el aumento de las desigualdades raciales en todos los ámbitos, desde los resultados sanitarios hasta los ingresos monetarios.

Ejemplo:
Prohibición de ciertos peinados étnicos o del uso de lenguas maternas distintas del inglés en ciertas escuelas y lugares de trabajo.

Y luego están los programas y las **políticas asimilacionistas**. Su objetivo es desarrollar, "civilizar" e integrar a un grupo racial sobre la base de la norma (percibida) superior.

Así, tus padres —como la mayoría de los estadounidenses, incluidos los blancos— se vieron arrastrados a un bucle en el que la historia y la conciencia se enfrentaban:

A los negros se les dijo que se asimilaran, "que adquirieran los rasgos que los americanos blancos dominantes consideraban estimables" → Los negros intentaron hacer precisamente eso → No fue lo suficientemente bueno/inteligente/claro/posado/articulado/sobresaliente/etc. porque, en el fondo, la creencia era que los negros son intrínsecamente inferiores, así que fueron rechazados → Los negros decidieron hacer sus propias cosas → A los negros que hacían lo suyo se les decía que debían asimilarse para progresar.

Dieron vueltas y vueltas.

Una y otra y otra vez.

Pero al final, siendo **antirracista**, es decir, viendo a todos los grupos raciales como iguales y capaces de prosperar sin necesidad de desarrollarse para cumplir ninguna norma, serás libre.

Entonces ayudarás a liberar a otros abriendo sus ojos a lo que tú ves. Y empiezas a ver con mucha claridad.

- 3 -

PODER
(O lo que hace que la raza sea algo)

1990.

Tienes siete años, a punto de cumplir ocho. Tercer grado...
lo que implica cambiar de escuela, ya que la tuya, P.S. 251, no
va más allá de segundo.

Un dato interesante sobre ese duelo de conciencias que viven tus padres sin darse cuenta: desempeña un papel importante en tu situación educativa y, por tanto, es gran parte de la
razón por la que estás visitando una escuela a media hora de
tu casa en Queens Village... a pesar de que hay varias a poca
distancia.

Como parte de la guerra entre las dos mentes, a muchas
personas negras —como tus padres— les parecía bien vivir rodeados de otras personas negras..., pero no tanto enviar a sus
hijos —como tú— a las escuelas públicas cercanas. Porque se
rumoreaba que esas escuelas eran "malas", y los pobres niños
negros que aprendían en ellas eran el tipo de niños de los que
los negros con conciencias divididas querían mantener alejados
a sus "buenos" hijos.

Los resultados de este duelo ya se notaban en ti: papá, mamá y tú se acercan a la puerta de la Grace Lutheran School —una escuela privada con una mayoría de alumnos negros— y los recibe una mujer negra: la profesora de tercer curso.

La jornada escolar ha terminado hace rato, así que el lugar está más o menos vacío y en absoluto silencio. A medida que avanzas por el pasillo, detrás de la profesora, tus pequeños ojos se fijan en las fotos de la clase que cuelgan fuera de cada aula. Todas ellas están llenas de caras jóvenes en distintos tonos de piel morena…, pero el único adulto —la profesora— que aparece en cada foto es blanco.

Y definitivamente lo notas.

Una vez dentro de su clase, en la que tú estarías si acabaras en esa escuela al año siguiente, te explica los detalles de un experimento científico que consiste en criar pollitos…, pero a ti, que tienes siete años, te da igual. Todos se sientan y tus padres empiezan a hacer preguntas: mamá, sobre el plan de estudios; papá, sobre la composición racial del alumnado (mayoría de raza negra, algo que ya te imaginabas por las fotos que habías visto, pero te guardas la confirmación).

Mientras los mayores hablan, tú te sientas, mirando a tu alrededor. Intentas imaginar a los estudiantes en todos los espacios que has visto. Tratando de imaginar esas caras blancas sonrientes en los mismos espacios.

Y algo de lo que te das cuenta sale de tu boca en forma de pregunta:

—¿Es usted la única profesora negra?

—Sí, pero… —empieza a decir.

La cortaste.

—¿Por qué eres la única profesora negra?

Desvía la mirada hacia tus padres como si fuera la pregunta más extraña que jamás hubiera oído. Lo que te confunde. Tú le has hecho la pregunta. ¿Por qué los mira a ellos?

Mamá parece captar algo que la profesora no dice en voz alta.

—Ha estado leyendo biografías de líderes negros —le dice a la otra mujer. Se refiere a los libros *Junior Black Americans of Achievement,* una serie aclamada por la crítica que te gusta tanto como tu consola de videojuegos. Te enseñaron la larga historia del daño causado a los negros y fueron la fuente de tu incipiente conciencia racial—. Es muy consciente de ser negro.

Papá asiente, confirmándolo. Y tú sigues mirando fijamente a la profesora, esperando su respuesta.

Porque a los siete años ya estás despertando y empezando a tomar conciencia de las realidades del **racismo**.

El **racismo** se siente grande. Grande como Pie Grande. Como King Kong. Como Godzilla. Grande como el mundo entero sobre los hombros de Atlas. E igual de amenazador. ¿Cómo podría un niño, o incluso un adulto, no temer ser devorado o aplastado por él?

Qué poderosa construcción es la raza.

Y quiero decir *construcción.* Como en una cosa que se construye o se hace de piezas existentes.

Volveremos al segundo curso en breve, pero aquí hay algo curioso que aprenderás cuando seas mayor: **racismo** no viene de **raza**. **Raza** viene de **racismo**.

¿No me crees? Vamos a desglosarlo. Primero, otra definición:

> **Raza:** Constructo de poder socialmente sos-
> tenido creado para separar y definir grupos de

personas en función de características compartidas observables.

¿Lo más loco? Que la "raza" es una ilusión. No tiene nada de concreto. Es tan real como nosotros creamos que es.

Hay una frase que cobrará protagonismo cuando tengas treinta y tantos años, y se utiliza sobre todo en torno al concepto de "género": **constructo de poder**. Definámoslo también.

Constructo de poder: Un concepto o idea, creado por miembros poderosos de la sociedad y per-
petuado por la aceptación a gran escala, que no
existe en la realidad objetiva sino como resultado
de la interacción humana.

La raza es un **constructo de poder**. Y se creó para dar credibilidad a algunas creencias y acciones erróneas manteni-das y cometidas por un grupo de personas —europeos de piel "clara"— que se consideraban superiores a todos los demás. La **raza** sigue existiendo, dando y quitando poder y creando dinámicas interpersonales porque hace mucho, mucho tiempo, un número suficiente de personas creyeron en esta afirmación de superioridad para hacerla socialmente cierta. Entonces, esta idea completamente infundada de una jerarquía humana basada en un conjunto de criterios totalmente inventados se extendió por todo el mundo. Por desgracia, con consecuencias reales y duraderas.

Este es un resumen sucinto de los orígenes de la **raza** como **constructo de poder**:

- Años 1400: El príncipe Enrique el Navegante de Portugal crea la primera política transatlántica de comercio de seres humanos utilizando su gran riqueza para financiar viajes portugueses a África Occidental con el fin de capturar cuerpos de raza negros para someterlos a trabajos forzados sin remuneración. La esclavitud en sí no era una novedad: los comerciantes cristianos e islámicos habían esclavizado a todo el mundo desde siempre. Pero los portugueses trasladaron la compraventa de seres humanos exclusivamente a los cuerpos africanos.
- Años 1450: El sobrino de Enrique, Alfonso —entonces rey—, pidió a un tipo llamado Gomes Eanes de Zurara que escribiera la historia de las aventuras africanas de Enrique. Este es el primer relato transcrito de la percepción de inferioridad de los negros. Cualquiera que no tuviera la piel blanca era considerado feo y merecedor de esclavitud, y se decía que los pueblos encontrados en África estaban "perdidos" (desde una perspectiva cristiana), viviendo "como bestias, sin costumbre alguna de seres razonables". Así, la separación y la jerarquía basadas en el tono de la piel eran creados, escritos y posteriormente difundidos.
- Años 1500: Los colonizadores españoles y portugueses llegaron a lo que con el tiempo se llamaría América del Norte y del Sur, y agruparon a todos los pueblos indígenas (y de piel morena) en un solo grupo: *indios* o *negros da terra* (negros

de la tierra). Entonces llegó un tipo llamado Alonso de Zuazo y contrastó los cuerpos de personas de África, de los que se decía que eran "fuertes para el trabajo", y los cuerpos de personas de los pueblos indígenas, de los que se decía que eran "débiles" y capaces de "trabajar solo en tareas poco exigentes". ¡*Voilà*! Una justificación más (completamente infundada) para comprar y traer más africanos esclavizados "fuertes" y matar a los indígenas "débiles". Porque, ya se sabe, había tierras que conquistar y dinero que ganar con ellas.

- Años 1700: Nuestra concepción actual de la **raza** se convierte en una cosa concretamente definida gracias a un tipo sueco (con una peluca horrible, eso sí) llamado Carl Linnaeus. El amigo simplemente decidió codificar las "razas" por colores, asignar cada una a una región del mundo, describir sus características y, a continuación, utilizar estas características (¡totalmente arbitrarias!) para crear una extraña jerarquía:

> » **Blanco:** *Homo sapiens europaeus*: "Vigoroso, musculoso. Cabello rubio suelto. Ojos azules. Muy inteligente, inventivo. Cubierto por ropa ajustada. Regido por la ley".
> » **Amarillo:** *Homo sapiens asiaticus*: "Melancólico, severo. Cabello negro; ojos oscuros. Estricto, altivo, codicioso. Cubierto por ropas holgadas. Gobernado por la opinión".

» **Rojo:** *Homo sapiens americanus*: "Malhumorado, impasible. Cabello negro, grueso y liso; orificios nasales anchos; rostro duro; imberbe. Terco, contento, libre. Se pinta con líneas rojas. Gobernado por la costumbre".

» **Negro:** *Homo sapiens afer*. "Perezoso. Pelo negro ensortijado. Piel sedosa. Nariz chata. Labios gruesos. Hembras con colgajo genital y pechos alargados. Astutos, lentos, descuidados. Cubiertos de grasa. Gobernados por el capricho".

Entonces, el príncipe cristiano Enrique de Portugal empezó a comerciar exclusivamente con cuerpos africanos (para evitar a los comerciantes musulmanes de personas esclavizadas que comerciaban con todos los cuerpos), con lo que el rey Alfonso ganó un dineral. Dinero (entonces, como ahora) = Poder. Para justificar el hecho de que estaban, ya sabes, comprando y vendiendo otros seres humanos, Zurara agrupó a los pueblos de piel más oscura de África en un solo grupo y luego generalizó sobre ellos de una manera que los distinguía como inferiores. Lo que hizo que a todo el mundo le pareciera bien comprarlos y venderlos.

El poder racista utiliza ideas racistas (y totalmente infundadas) para crear, fundamentar y perpetuar políticas racistas totalmente por interés propio.

Y como las políticas racistas necesitan ideas racistas que las justifiquen, el poder racista hace todo lo que puede, tanto abiertamente (como fuentes de agua separadas) como encubiertamente (como una mayor vigilancia policial en las comunidades de bajos ingresos predominantemente pobladas por personas de color) para mantener vivo el racismo.

Sé que ha sido mucho, pero volvamos a ti (una persona que, incluso de niño, contradecía las ideas del malvado Linneo). La profesora negra de tercero acaba superando su sorpresa ante tu pregunta sobre la falta de profesores negros. Aunque en realidad no responde a tu pregunta.

—¿Por qué haces esa pregunta? —te pregunta ella.

—Si hay tantos niños negros, debería haber más profesores negros. —Obvio. Uno más uno es igual a dos, y la lógica de un niño de siete años llega hasta el fondo.

Resumiendo, acabas en un colegio privado más cerca de casa.

Con un profesor blanco.

- 4 -

BIOLOGÍA

No recordarás el nombre de esa profesora. Desaparecerá en la masa de rostros blancos que perturban tu paz en algún momento u otro a lo largo de tu vida. A veces querrás culpar a su blancura de su comportamiento desagradable: "Dijeron/hicieron (inserta comentario racista) porque son blancos", o "Ya sabes cómo son los blancos". Pero llegarás a reconocer que generalizar las acciones de individuos blancos racistas a toda la gente blanca es tan inútil e injustificado como generalizar las faltas y acciones individuales de la gente de color a grupos raciales enteros.

Así que, dentro de muchos años, a medida que adoptes el antirracismo, llegarás a ver las acciones de esta profesora anónima no a través de la lente de su blancura, sino en función de sus ideas racistas fuera de control; lo cual debes recordar mientras nos adentramos en este asunto. Entenderás por qué en el próximo capítulo, pero por ahora, hablemos de lo que hizo.

Tercer curso. Estás en una nueva escuela y la mayoría de los alumnos de tu clase son negros, con algunos asiáticos y latinos. Solo tres de tus compañeros son blancos.

Te sientas al fondo del aula, cerca de la puerta, donde puedes verlo todo. Incluyendo todas las veces en las que la Profesora

Blanca sin Nombre ignora las manos levantadas de los alumnos de color y atiende a los niños blancos. O castiga a un alumno de color por hacer algo de lo que se ha librado uno de los niños blancos.

Pero nada de esto parece molestar a los otros chicos negros de tu clase. Así que, normalmente, no dejarías que esto te molestara. Pero ese día, el trato preferente es tan evidente que algo se rompe en tu interior.

Hay una chica de piel oscura más pequeña y callada que tú. Se sienta al fondo de la clase como tú, pero en el lado opuesto. La profesora hace una pregunta y tú, que te fijas en todo como de costumbre, ves cómo la mano de esta chica se eleva lentamente en el aire.

Lo cual es un acontecimiento. Esta es una chica que rara vez habla y mucho menos levanta la mano en clase. Algo la ha sacado de su zona de confort, y tú no podrías estar más emocionado. Te hace sonreír. Hay una sensación de triunfo compartido por encima del silencio.

La profesora mira a la niña directamente, luego aparta la mirada y, en su lugar, le da la palabra a un alumno blanco en el momento en que su mano está en el aire. Eso sí, la mano blanca se levantó después de la de la chica negra. Y tú viste cómo la profesora la veía...

Pero ahora ves cómo la mano y la cabeza de la chica bajan, y, con ellas, su espíritu. Y algo se enciende en tu interior. La profesora, por supuesto, no se da cuenta de tu furia ni del abatimiento de la niña. Está demasiado ocupada mirando a uno de sus favoritos blancos.

La cabeza de la chica permanece agachada —lo que mantiene tu rabia encendida— durante el resto de la clase, cuando todos se levantan para salir del aula, y durante el camino a la capilla, donde la escuela celebra su servicio religioso semanal. A medida que transcurre el oficio, la sangre te hierve en las venas.

Cuando la profesora empieza a invitar a tus compañeros a salir una vez terminado el servicio, no te mueves. Te sientas en el borde del banco y la miras fijamente mientras se acerca.

—Ibram, es hora de irnos —dice cordialmente.

Desvías la mirada hacia la cruz que hay delante de la sala.

—No voy a ninguna parte —respondes apenas por encima de un susurro.

—¿Qué?

Ahora vuelves a mirarla.

—¡No me voy a ninguna parte! —dices, esta vez más alto.

Se pone roja como un camión de bomberos.

—¡No! —dice—. Tienes que irte, ahora mismo.

Tus compañeros están a punto de salir por la puerta, pero un puñado se detiene y se vuelve para mirar. Esto la enfurece aún más. Cuando vuelve a intentar someterte y no lo consigue, te agarra del hombro.

Lo que es un verdadero "no" para ti, a tus ocho años.

—¡No me toques! —gritas.

Te amenaza con llamar al director. Le dices que lo haga. Y mientras se aleja y un par de lágrimas se escapan de tus ojos, piensas en lo que vas a decir cuando llegue la autoridad.

Cuando seas mayor y mires atrás, te preguntarás de qué manera te habría tratado esta profesora si hubieras sido blanco. ¿Se habría preguntado si te dolía algo? ¿Te habría preguntado qué te estaba pasando? Te estabas comportando claramente fuera de lo normal…

Pero ¿se había dado cuenta?

Te preguntarás si las mismas ideas racistas que ella mostraba en su trato preferente a los pocos alumnos blancos de tu clase le hicieron atribuir tu resistencia a tu negritud. Si lo clasificó automáticamente como mal comportamiento en lugar de angustia. A los niños que se portan mal no se les considera dignos de admiración, investigación, legitimidad o validación. Hay políticas de tolerancia cero (racistas) y enfoques disciplinarios rigurosos que se aplican desproporcionadamente a los niños negros y mestizos.

Sin embargo, con tus ojos de niño de ocho años, lo que veías era una niña con tu mismo color de piel, pelo ensortijado, nariz ancha y labios carnosos. Una niña que miraba y hablaba como tú... y a la que se ignoraba en favor de niños con piel de distintos tonos claros. Con el pelo más liso, los ojos más claros, la nariz y los labios más finos y una forma diferente de hablar e incluso de vestir.

Te parecían una especie diferente de humanos.

Pero esta idea —la noción de diferencias biológicas genéticas entre personas de distintas razas— no surgió de ti. Es una historia tan antigua como el tiempo (bíblico). Y es muy probable que, para tu profesora, tú y todos los demás alumnos de color de tu clase de tercer curso parecieran una especie humana diferente a la suya.

Una diferente e inferior.

> **Idea racista biológica:** Cualquier noción que sugiera que las razas son significativamente diferentes en su biología y que estas diferencias crean una jerarquía de valor.

> **Idea antirracista biológica:** Cualquier noción que sugiera que las razas son iguales en su biología y no existen diferencias genéticas que puedan justificar una jerarquía racial.

Lo que hace que las **ideas racistas biológicas** sean tan insidiosas y difíciles de eliminar es que la noción de biologías diferentes, de "formas" de la humanidad, es el origen de las **ideas racistas** en general. Lo que los creadores de razas "observaron" en su día se atribuyó a la "ciencia" (sin ningún fundamento verdaderamente científico, por cierto): los cuerpos de los negros eran supuestamente más fuertes para el trabajo y podían soportar más esfuerzo físico, pero carecían de células cerebrales, mientras que los cerebros de los blancos eran superavanzados y sus cuerpos menos adecuados para el tipo de trabajo manual duro que los pueblos esclavizados estaban obligados a soportar.

Pero pocas personas, incluido tú hasta cierto punto, se dan cuenta de que creen en ideas racistas biológicas. De hecho, estas ideas están tan arraigadas en la sociedad que la mayoría de la gente cree en alguna versión de la distinción racial biológica. A ver si te suena alguna:

- Los negros tienen "más capacidad física natural".
- "Sangre negra" difiere de "sangre blanca".
- "Una gota de sangre negra hace a un negro".
- Los negros tienen "ciertas capacidades heredadas" como dotes naturales de improvisación, lo que se supone que es "la razón por la que predominan en ciertos campos como el jazz, el rap y el baloncesto, y no en otros campos, como la música clásica, el ajedrez y la astronomía".
- Las mujeres negras tienen traseros grandes, y los hombres negros tienen penes grandes.

NOTAS DE NIC:

Unido a esta idea: Dicha gota de sangre "apaga la luz del intelecto", según un hombre llamado Thomas Dixon. Todos sabemos que esto fue algo que la gente creyó durante mucho tiempo. La "regla de la gota única" sigue siendo un problema. Incluso en 2023, cuando se publicó este libro.

- Los negros son más impulsivos sexualmente y, por tanto, más activos sexualmente.

Si bien algunas de estas cosas pueden parecer inofensivas, incluso retorcidamente halagüeñas, el peligro de creer en una diferencia racial biológica imaginaria reside en la tendencia del **poder racista** a utilizar dicha "diferencia biológica" para justificar la inhumanidad y la **política racista**. Durante siglos, la llamada maldición de Cam (que en realidad recayó sobre el hijo de Cam, Canaán, pero que se ha utilizado para crear una distinción entre las "razas") se sacó de su contexto en el libro del Génesis de la Biblia y se utilizó para apoyar la esclavitud de los africanos de piel oscura.

Durante un tiempo, el concepto de poligénesis —la teoría de que las razas son especies humanas separadas con creaciones distintas— se utilizó para apoyar la idea de distinción biológica y, por tanto, de jerarquía. E incluso después de que esta idea de orígenes biológicos separados fuera desmentida por los principios científicos, la teoría propuesta por Darwin de la selección natural o "supervivencia del más apto", como la definió su contemporáneo Herbert Spencer, también fue finalmente adoptada por el poder racista y utilizada para distinguir biológicamente entre razas y clasificarlas. Se decía que la raza blanca estaba evolucionando y se dirigía hacia la perfección, pero solo había tres destinos posibles para las razas "más débiles": la extinción, la esclavitud o la asimilación.

Las implicaciones de estas diferencias raciales biológicas percibidas cambiarán con el tiempo y, debido a las dos mentes, muchas personas —incluido tú mismo— creerán en la idea de las diferencias genéticas entre las razas, pero intentarán rechazar la jerarquía… y fracasarán. (Considera las ideas que tú mismo tenías sobre los niños negros como supuestamente menos estudiosos).

Pero entonces, en el año 2000, ocurre algo extraordinario. Tras una década de trabajo y estudio, los investigadores del Proyecto Genoma Humano publican sus conclusiones. Estas son resumidas por el entonces presidente de EE. UU., Bill Clinton: "[E]n términos genéticos, todos los seres humanos, independientemente de la raza, somos iguales en más de un 99.9 %".

¿Hubo gente que se inclinó por ese 0.1 % restante como explicación de las diferencias raciales y, por tanto, sociales y de comportamiento entre las personas? Por supuesto que sí. Esta fue la interpretación **segregacionista** de la investigación. La **interpretación asimilacionista** se basó en la noción de "igualdad" e intentó utilizarla para eliminar por completo la categorización y la identificación racial, una estrategia aparentemente bienintencionada, pero que ignoraba las formas reales en que la raza y el racismo funcionaban en nuestro mundo.

Pero negarse a reconocer la raza no acabará con el racismo. Si no estamos dispuestos a ver las desigualdades existentes (y a menudo flagrantes) entre grupos de personas que, durante casi medio milenio, han sido clasificados por su **raza**, no podremos corregir esas desigualdades.

Ser **antirracista** en lo que se refiere a la biología es reconocer la igualdad genética del 99.9 % y centrarse en acabar con el racismo basado en la falsa idea de la diferencia biológica.

Por cierto, al final, decides no meterte en líos. Después de que la directora se sienta a tu lado en la capilla (porque te niegas a irte) y te escucha, accede a hablar con la profesora y llama a mamá. Nunca olvidarás las palabras de mamá: "Si vas a protestar, tendrás que atenerte a las consecuencias". Nada de reprimendas. Nada de no vuelvas a hacerlo. Solo las inclinaciones liberacionistas de Ma saliendo a la luz.

No hubo consecuencias. La profesora se relajó con los alumnos de color y puso freno a su favoritismo. Y una vez terminado el tercer curso, dejaste esa escuela.

Pero, como pronto verás, has tenido suerte.

UN COMENTARIO SOBRE LAS MICROAGRESIONES
(QUE EN REALIDAD NO SON NADA *MICRO*)

Poco antes de que tus padres se subieran al autobús y fueran a Urbana 70, un psiquiatra de Harvard llamado Chester Pierce definía un nuevo término: *microagresión*. Pierce, que era afroamericano, utilizó el término para describir los constantes desaires verbales y no verbales que presenció de parte de personas no negras hacia los afroamericanos: una mujer blanca que se agarra al bolso cuando hay alguien de raza negra cerca, por ejemplo. O referirse a una persona negra que simplemente está siendo firme como "enfadada". O burlarse del inglés vernáculo afroamericano por diversión. O seguir a una persona negra por una tienda para "mantenerla vigilada".

A principios del siglo XXI, el término microagresión se empezó a aplicar más ampliamente para abarcar cualquier tipo de degradación basada en prejuicios de cualquier miembro de un grupo marginado. A principios de la década de 2000, un psicólogo llamado doctor Derald Wing Sue definirá más concretamente las microagresiones como "intercambios breves y cotidianos que envían mensajes denigrantes a determinadas personas por su pertenencia a un grupo", y desglosará el concepto en tres categorías: microagresiones, microinsultos y microinvalidaciones.

Pero a medida que investigas en el futuro, llegarás a detestar fuertemente el término, tanto en su conjunto como desglosado en sus partes más pequeñas: micro y agresión. Llegarás a detestar la asociación del término con una era supuestamente "posracial" que rehúye el uso de las palabras **racismo** y **racista**.

En cambio, te apoyarás en una palabra diferente para describir la persistente andanada de desprecios e insultos a la gente de color:

~~Microagresiones~~ **Abuso racista**.

Abuso describe con más precisión las acciones y sus efectos en las personas. Los profesores que favorecen a los alumnos blancos sobre los negros o que imponen

NOTAS DE NIC:

El *gaslighting*, algo con lo que tendrás que lidiar a lo largo de tu vida y tu carrera, puede definirse como "manipulación psicológica, frecuentemente durante un periodo prolongado de tiempo, que hace que la víctima cuestione la validez de sus propios pensamientos, sentimientos, recuerdos o percepción de la realidad". Suele dar lugar a confusión, pérdida de confianza y autoestima, y dudas sobre la propia estabilidad emocional o mental. En otras palabras, es repugnante.

castigos más severos a los alumnos negros que a los blancos son abusivos. Hacer *gaslighting* a las personas de color que se enfadan justificadamente por chistes racistas es abusivo. Sugerir que un chico negro o latino solo ha accedido a la universidad por la Acción Afirmativa es abusivo.

¿Por qué?

Porque los resultados psicológicos agravados de estas acciones coinciden con los del maltrato: confusión, angustia, ira, preocupación, depresión, ansiedad, fatiga y, a veces, suicidio.

No hay nada de "micro" en eso.

- 5 -

COMPORTAMIENTO

Vamos a avanzar un poco hacia el futuro. Porque a medida que nos adentramos en el trabajo interno de **ser antirracistas**, de desentrañar ideas racistas profundamente arraigadas que implican conceptos más abstractos, este tema —el comportamiento— es primordial.

Acaba convirtiéndose en el punto central de tu discurso del Día de MLK.

1998. En este momento tu familia se ha trasladado a Virginia. No estabas muy entusiasmado con dejar Nueva York, pero llegaremos a eso más tarde. Lo más importante ahora es que no te va muy bien en la escuela secundaria.

La mediocridad en tu rendimiento académico empezó antes de que te fueras de Queens: más o menos te ausentabas de clase y trabajabas lo justo para mantener los aprobados y suspensos necesarios para seguir en el equipo de baloncesto de tu antigua escuela. Y así siguen las cosas aquí, en este espacio sureño que ahora llamas hogar.

Desgraciadamente, la conciencia de duelo que arrasa los cerebros de los adultos negros de tu vida, como un hongo carnívoro, empieza a afectarte en esta época. Porque, aunque las **ideas racistas sobre el comportamiento** no las produjeron los negros de las generaciones de tus padres y abuelos, se las tragaron como si fuera la miel (envenenada) más dulce.

Si recuerdas, ya hablamos de cómo en la década de 1980 se produjo un aumento del abuso de drogas y la adicción entre los grupos raciales. Todo esto, alimentado por las **ideas racistas** existentes, que se correlacionó con un aumento de detenciones y tasas de encarcelamiento, sobre todo entre la población negra. También discutimos cómo el **poder racista** tiene la capacidad de señalar los resultados de las **políticas racistas** —como una mayor vigilancia policial en las zonas de bajos ingresos, pobladas en su mayoría por negros, que en las zonas de clase media y alta llenas de gente blanca, donde el consumo de drogas y las cifras de tráfico son casi las mismas que en las zonas de gente negra— y afirmar que esos resultados significan que algo está mal con las personas afectadas por dichas **políticas racistas**.

Es como hacer el *okey doke* definitivo (se trata de un término antiguo que significa "truco" o "estafa"). Porque codificar el comportamiento como basado en la raza permitió al **poder racista** echar la culpa de las desigualdades raciales, basadas en políticas, al comportamiento de las personas más negativamente afectadas. Y luego vincular dicho comportamiento a grupos raciales enteros.

> **Idea racista conductista:** Cualquier noción que responsabiliza a los individuos del comportamiento percibido de los grupos raciales y responsabiliza a los miembros de los grupos raciales del comportamiento de los individuos.

A mediados de los noventa, los estadounidenses progresistas habían abandonado más o menos las **ideas racistas biológicas** (entre otras iteraciones de ideas racistas que veremos en la siguiente parte del libro). Pero las **ideas racistas conductuales** fueron mucho más difíciles de eliminar. De hecho, seguirán existiendo un par de décadas después del siglo XXI.

No es que las **ideas racistas sobre el comportamiento** sean algo nuevo. Cuando seas mayor, descubrirás que el poder racista ha vinculado el comportamiento con la pertenencia a un grupo racial desde que ha sido conveniente hacerlo. Tomemos como ejemplo la América del siglo XIX, anterior a la Guerra Civil. Lo creas o no, los partidarios de la esclavitud y los abolicionistas estaban de acuerdo, al menos, en una cosa: había graves defectos en el comportamiento de los negros. Hipersexualidad, inmoralidad, criminalidad, pereza, mala crianza, ociosidad, traición, robo... Todos estos fueron atribuidos a los negros.

Los teóricos proesclavistas atribuyeron estos comportamientos "deficientes" a la libertad.

El dominio blanco —y, por tanto, la esclavitud— se consideraba un factor de civilización. En el lado opuesto, los abolicionistas antiesclavistas, que eran poco más que **asimilacionistas** progresistas, atribuían los supuestos intelectos "lisiados", las mentes oscurecidas y la naturaleza moralmente de-

NOTAS DE NIC:
Esta fue la retórica asimilacionista y capacitista utilizada por William Lloyd Garrison —un abolicionista blanco— en el prefacio de la *Narración de la vida de Frederick Douglass*, las memorias de un hombre negro cuyo intelecto parecía funcionar bien.

gradada que veían en los negros a los efectos negativos de la esclavitud y la opresión.

Incluso verás un poco de esta última línea de pensamiento aflorar de nuevo a la superficie de la sociedad cuando tengas poco más de veinte años. Los rasgos disfuncionales y negativos que se atribuyen a los negros, como la violencia, el materialismo, el colorismo, la rabia y el derrotismo, se asociarán con el trauma de la esclavitud del pasado y la opresión del presente.

El problema de la postura proesclavista es bastante evidente: implica que el comportamiento de los negros como entidad es problemático y solo puede ser "arreglado" por la mano guiadora de personas superiores (blancas). El otro punto de vista, aunque menos obviamente racista, es igual de problemático. La cuestión no es que implique que la esclavitud afectó negativamente a la gente. Por supuesto que sí. Es la sugerencia de que, porque fueron esclavizados o descienden de personas esclavizadas, los negros en general son propensos a comportarse de una determinada manera. Cualquiera que sea la explicación, o la falta de ella, que se encuentre dentro de tu cabeza en 1998, no se puede negar que ha empezado a arraigar en tu mente un vínculo entre el comportamiento negro* y tu comportamiento —tu rendimiento escolar profundamente mediocre—. ¿Cómo no iba a ser así con tantos adultos afroamericanos (extrañamente bienintencionados) insistiendo públicamente en los males de la juventud negra, utilizando las palabras del doctor King para avergonzar a los niños de tu generación cuando tú te comportas de un

NOTAS DE NIC:
* Por cierto, no existe tal cosa. No hay ningún comportamiento que pueda atribuirse a todo un grupo racial.

modo que estos adultos de doble mentalidad creen que hace ver mal a toda la raza?

A los dieciséis años, te sientes asfixiado por la sensación de ser juzgado... principalmente por las personas negras mayores. No hay lugar para los errores de los individuos que, como tú, resultan ser negros. No solo debes lidiar con las consecuencias de tus decisiones y fallos personales, sino que tienes el peso añadido sobre tus hombros de sentir que has defraudado a toda la gente negra. Es mucho.

Por suerte, papá y mamá no piensan así: en lugar de ver tus malos resultados escolares como un indicio de que formas parte de una cohorte condenada e incompetente de niños negros nacidos en la década de 1980, te ven como quien eres: su querido hijo Ibram. Y siguen tratando de empujarte hacia la realización del potencial que ven en ti.

Por desgracia, a estas alturas no importa mucho. Porque ya has interiorizado muchas **ideas racistas conductuales** que flotan en la atmósfera de la sociedad como un virus aerotransportado. Por ejemplo, al entrar en el undécimo grado, tus padres te animan a matricularte en los cursos del Bachillerato Internacional. Y, a pesar de no tener grandes expectativas de ti mismo, muerdes la carnada.

Es un desastre.

No solo acabas sintiéndote abandonado en un mar lleno de estudiantes blancos y asiáticos de alto rendimiento —niños en camino a universidades de la Ivy League que compiten por las alabanzas de los profesores y gastan sus sábados en clases de preparación para los exámenes SAT—, sino que también sirve para agravar tanto tu odio a la escuela como a tu no tan inconsciente sentimiento de inferioridad intelectual.

Y lo que es peor: interiorizas tus dificultades académicas como un indicio de que algo va mal no solo contigo, sino con los negros en su conjunto. Tiene que ser verdad, ¿no? ¿No habría más alumnos negros en tus clases de BI si todos fueran lo suficientemente inteligentes? No tienes ninguna duda de que tus compañeros de clase no negros te ven como un impostor o, peor aún, como el cumplimiento de alguna cuota, si es que te ven. Es la misma forma en que ellos, y los profesores, probablemente ven a todos los niños negros: como alumnos menos inteligentes que rinden por debajo de sus posibilidades.

¿Y cómo no lo harían? Con los datos erróneos de evaluaciones sesgadas como la Evaluación Nacional del Progreso Educativo, administrada por primera vez en 1969, que revelan una supuesta brecha de rendimiento entre los estudiantes negros y básicamente todos los demás tanto en lectura como en matemáticas, no es de extrañar que estés convencido de que todos en esas clases de BI piensan que no eres inteligente... ¿y tú les crees? Por lo que sabes, los exámenes estandarizados que todo el mundo tiene que hacer miden la inteligencia general de forma efectiva. Lo que significa que tus compañeros blancos y asiáticos son realmente más listos que tú.

¿Verdad?

Pues no.

Sí, has leído bien. De hecho, vamos a deletrearlo: la idea de que tus compañeros blancos y asiáticos son más inteligentes que tú porque han sacado mejores notas en un examen... es falsa.

En realidad, esto lo descubrirás tú mismo cuando te prepares para solicitar el ingreso en una escuela de posgrado durante tu último año de universidad. Hay un examen que tienes que hacer: el Graduate Record Examination, o GRE. Obviamente, quieres hacerlo bien. Así que te gastas mil dólares (¡ay!) en un curso de preparación para el examen que supuestamente aumentará tu puntuación en doscientos puntos… lo cual sería un gran logro.

Durante semanas, dejas tu universidad históricamente negra y te diriges a la Universidad Estatal de Florida para asistir a tu curso. Y a medida que avanzan las clases, te das cuenta de que el profesor de preparación del GRE no te está haciendo más inteligente. No está repasando el material que aparecerá en el examen para que te lo sepas al derecho y al revés. Te está enseñando técnicas para tomar un examen.

No el *qué* del examen, sino el *cómo* hacerlo eficazmente.

Lo cual es bastante revelador… ¿Por qué los resultados de un examen destinado a medir la capacidad intelectual pueden mejorarse aprendiendo mejores formas de tomar el examen? ¿Hasta qué punto puede ser exacta una medida de la inteligencia si la gente puede mejorarla pagando un poco de dinero? Por solo mil dólares, tú también puedes demostrar que eres un genio puntuando alto en cualquier prueba estandarizada*.

Resumiendo: perdiste años pensando que no eras inteligente porque no salías bien en los exámenes estandarizados… cuando, al mismo tiempo, muchas de las personas con las que te comparabas estaban aprendiendo técnicas de examen que les ayudaran a obtener mejores resultados. Lo que significa que estos exámenes "estandarizados" —los que se utilizan para apoyar la idea de una "brecha de rendimiento académico" entre las razas— no se basan realmente en normas justas e imparciales.

* ¡Y pensar que estas puntuaciones en los exámenes tienen mucho peso en las decisiones de admisión a la universidad!

Es como *gaslighting* a la enésima potencia.

Y no se detiene ahí.

¿Y si te dijera que un hombre que afirmó en 1923 que la inteligencia estadounidense estaba disminuyendo y que "lo haría a un ritmo acelerado a medida que la mezcla racial se hiciera más y más extensa", tres años más tarde crearía su propio examen estandarizado? ¿Y que dicho examen se utilizaría a perpetuidad como medida de la llamada *capacidad natural*?

Incluso tú lo harás. Originalmente se llamaba Prueba de Aptitud Académica.

Así es: el examen SAT.

Ahora bien, es cierto que en el undécimo grado del BI estás fracasando porque eres un vago. No te esfuerzas. No estudias mucho, ni siquiera prestas atención en clase. Y, francamente, los exámenes te ponen nervioso, en gran parte porque esperas hacerlo mal. Esperas hacerlo mal en casi todo lo relacionado con la escuela. Porque has interiorizado **ideas racistas** (perpetuadas por el **poder racista** que centrará los exámenes estandarizados como medida de "inteligencia" durante décadas) sobre los niños negros y el rendimiento académico.

Es una lucha ahora cuando los resultados de tu falta de estudio individual parecen apoyar las ideas racistas que tienes en la cabeza sobre el comportamiento de los negros, pero pronto verás la luz…

Idea antirracista conductual: Cualquier noción que convierta en ficticio el comportamiento grupal racial y en real el comportamiento individual.

Tu comportamiento individual no puede reflejar el de toda tu raza, como tampoco tu raza puede explicar tu comportamiento. Esto se aplica a ti, a los chicos asiáticos de tu clase (la idea de que "los chicos asiáticos son buenos estudiantes" es tan absurda como la de que "los chicos negros no estudian"), e incluso a Angela, la guapa chica de piel morena de tu clase de gobierno de duodécimo grado que te animará a presentarte a ese concurso de oratoria MLK que va a cambiar tu vida...

Aunque hará falta un sorprendente encuentro universitario con algunas ideas racistas conductuales extremas provenientes de un compañero negro para que te des cuenta.

6

NEGRO
(O el capítulo en el que empezamos a hablar de la palabra con N)

De acuerdo. Así que hemos definido algunas cosas, hemos hablado de toda esa batalla de dos mentes, hemos discutido el papel del poder en la creación de razas, hemos desvinculado la biología de la idea de **raza** y hemos reconocido que la pertenencia a un grupo racial no predetermina los patrones de comportamiento ni inclina a los individuos hacia determinadas acciones.

Bum. Mente cambiada. Ojos y oídos abiertos.

Es hora de pasar a lo externo, ¿no?

No.

Porque si bien has logrado derribar un par de mitos, aún no te has enfrentado al impacto que esos mitos insidiosos y profundamente condicionados han tenido en tu visión del mundo. Así que ahora tenemos que adentrarnos en tu mente y separar algunas cosas feas... cosas que ni siquiera sabes que están ahí.

Por ahora.

La luz se encenderá dentro de una de las desordenadas habitaciones de tu cerebro en 2003. A estas alturas, no vives precisamente con una mentalidad antirracista en lo que se refiere a las personas de persuasión caucásica (llegaremos a eso en el próximo capítulo). Y casi todo el mundo en la ciudad de Tallahassee, Florida, lo sabe. Porque compartes abiertamente tus pensamientos racistas en una columna que escribes para el periódico de tu universidad.

Y eso es genial. Libertad de expresión y libertad de prensa. Te apoyas en los derechos de la Primera Enmienda con brío. ¡Poder para el pueblo!

El único problema es que el periódico de la universidad no es tu única incursión en el periodismo. También estás haciendo unas prácticas —que tienes que completar para graduarte— en un periódico local: *Tallahassee Democrat*. El fatídico día en que empiezas a abrir los ojos, te citan a la oficina del editor del periódico. Es un tipo negro, alto y de piel clara que tiene algunas cosas que decir sobre un artículo que escribiste en la columna del periódico de la universidad. Es un tipo almidonado. Llamarlo *pretencioso* no sería exagerado. Y parece estar en desacuerdo con tus problemas con los blancos.

Él critica. Tú defiendes con calma. Sabes lo que crees y por qué, y te mantienes firme en ello. Sí, en este punto, sigues viendo a los negros como problemáticos (que es la cuestión principal aquí, y diremos más sobre eso en un segundo). Pero el verdadero problema, según tu columna, son los blancos y las cosas horribles que hacen porque "se enfrentan a la extinción" e "intentan sobrevivir".

(Seguro que ahora mismo te estás descojonando).

Sabes que tus ideas sobre los blancos son poco convencionales —quizá incluso un poco radicales—, así que estás más que dispuesto a apoyarlas con lo que consideras una investigación indiscutiblemente defendible. La columna había causado un gran revuelo, y los lectores blancos se habían sentido especialmente agitados, pero ¿no es ese el objetivo del buen periodismo? ¿Revelar la verdad y permitir que haga lo que tenga que hacer?

Imagina tu sorpresa cuando el editor abre la boca, menciona su "bonito coche" y luego se lamenta de que le hayan parado y tratado como "uno de esos n***os".

Ajá. Con esa N dura.

Ahora, espera, estás pensando. ¿No dijiste que este tipo es negro? Él claramente no usa esa palabra con mala intención. Debe estar usándola como lo hacen los raperos.

Pues no. Y lo sabes.

El tipo es totalmente racista.

Mientras lo asimilamos, detengámonos un momento para repasar la brevísima historia de la palabra con N:

- Lo que sabemos con certeza: la versión utilizada para denigrar (sí, utilicé ese término a propósito) a los negros aquí en Estados Unidos deriva del latín *niger*, la palabra para negro.
- En el diario de John Rolfe se encontró una versión de la palabra, *negars*, que utilizó para referirse al primer envío de africanos a Virginia en 1619 y que parecía reservarse como título para los esclavos de piel oscura.
- Según el Darwin Correspondence Project, el teórico de la evolución y su esposa habrían utilizado el término *negro* como apodo para Charles en cartas que se escribieron en la década de

1840; sugería que "la condición de marido era la de esclavo".

- Lo que no se puede negar: siempre ha sido una herramienta verbal para crear separación y reforzar las nociones de jerarquía. Si se busca en el diccionario, una de las definiciones dice que es "un término despectivo utilizado para referirse a una persona de cualquier origen racial o étnico considerada despreciable, inferior, ignorante, etc.".

Se mire como se mire, la palabra (especialmente el inglés *nigger*) es indudablemente insultante y ha sido utilizada por personas con **poder racista** para conferir y perpetuar **ideas racistas** sobre la supuesta inferioridad de los negros —y los no negros de piel oscura— durante mucho tiempo.

Por eso, escuchar que se utiliza de una manera abiertamente denigrante por un compañero negro, especialmente por uno que edita un periódico y tiene cierto poder sobre la difusión de la información, te estremece hasta la médula.

Pero no es algo extraño en los años 90 y principios de los 2000 este asunto de que ciertos negros se separan y se elevan por encima de otros basándose en un cierto sentido de superioridad conductual. Incluso hay comediantes negros que se apoyan en estas nociones (**racistas**) en sus monólogos.

Es la máxima expresión del duelo de conciencias. Personas como el editor de tu diario sienten un inmenso orgullo **antirracista** por la excelencia negra. Para ellos, los grandes triunfadores son la prueba de que no hay nada inherentemente malo en los negros, y de que pueden hacer cualquier cosa que se propongan. Pero, por otro lado, existe un sentimiento de vergüenza **racista** al estar relacionado, y a veces equiparado, con "esos n***os".

Muchas personas negras —sí, incluso tú en 2003— son culpables de perpetuar ideas racistas al racializar lo que perciben como comportamiento negativo en otros negros. Por ejemplo, en lugar de agrupar a los infractores de la ley que son negros con los infractores de la ley de todos los grupos raciales, la criminalidad se asocia a "esos negros".

Pero señalar a "esos negros" como la fuente del problema, como hizo tu editor, solo permite que el **racismo** (y las **políticas racistas**) se escondan. Incluso en la mente de los negros. ¿Cómo?

> **Racismo interiorizado:** Estar de acuerdo con **ideas** y apoyar **políticas** que afectan negativamente al propio grupo racial y contribuyen a las desigualdades raciales.

Ese día, cuando miras a la cara a ese editor, te das cuenta de algo: eres igual que él. Y aunque nunca usarías el término que él usó en ese momento, puedes ver que cada vez que dices que algo está mal con los negros —y entonces lo decías con frecuencia— te estás separando y elevando como superior a "esos negros".

Estás siendo **racista**.

Pero los negros no pueden ser racistas. No tienen ningún poder.

Si te dieran un dólar por cada vez que alguien dijera esto una vez que ya llegas a convertirte en un destacado defensor del **antirracismo**, probablemente podrías pagar la deuda de los préstamos estudiantiles de toda una promoción de una universidad de la HBCU.

El caso es que no es cierto.

De hecho, las **ideas racistas** son tan omnipresentes y fundamentales en la vida estadounidense que sería imposible no ser susceptible a ellas. Cualquiera puede alinearse con el **poder racista**. Cualquiera puede perpetuar las **desigualdades raciales** apoyando p**olíticas racistas**. Cualquiera puede definir a un individuo por su pertenencia a un grupo racial o ver a todo un grupo racial a través de la lente de un solo individuo.

Cualquiera.

"(*Insertar individuo*) **tuvo un accidente de coche... Y, quiero decir, nadie se sorprende, porque todos sabemos que los (***insertar grupo racial***) no saben conducir".**

"**Los (***insertar grupo racial***) son pésimos conductores, así que de ninguna manera me subiría a un coche con (***insertar individuo***) al volante".**

"(*Insertar individuo*) **se la pasa conociendo gente. Ya sabes lo que dicen de los (***insertar grupo racial***) y sus locos impulsos sexuales".**

"**Los (***insertar grupo racial***) son hipersexuales, así que (***insertar individuo***) se enrolló totalmente con ese tipo con el que salió hace un par de noches".**

"(*Insertar individuo*) fue atrapado robando el teléfono de un tipo. Es una pena que los (*insertar grupo racial*) sean tan propensos a llevar una vida criminal".

"Sabes que los (*insertar grupo racial*) tienen tendencias criminales. (*Insertar individuo*) es obviamente la persona que se llevó (*insertar cosa desaparecida*)".

Todos racistas.

Está bien, de acuerdo, pero los blancos tienen todo el poder institucional, así que si la gente de color "suscribe ideas racistas", como dices, en realidad no importa porque no pueden oprimir a nadie.

También incorrecto. Solo hay que preguntar a todos los negros, indígenas y otras personas de color que se han abierto camino hasta llegar a puestos de autoridad. Estoy seguro de que no estarían de acuerdo con la sugerencia de que son "institucionalmente" impotentes. Desde profesores a médicos, abogados, gerentes de tiendas, miembros de consejos escolares, decanos de universidades, directores de escuelas primarias y secundarias, directores ejecutivos, periodistas, congresistas, senadores, legisladores locales, alcaldes, policías, jueces, hasta un presidente y un vicepresidente de Estados Unidos.

Los policías negros han estado implicados y han sido responsables de la muerte de civiles negros desarmados y han contribuido a la encarcelación masiva. Los legisladores negros han aprobado leyes electorales que afectan negativamente y suprimen a los votantes negros. Hay latinos que se oponen a la inmigración. Hay sudasiáticos que ven negativamente a los sudasiáticos de piel más oscura. Y así sucesivamente.

El punto: cualquiera puede perpetuar las **desigualdades raciales** alineándose con el **poder racista** a través de **ideas racistas** sin control. Tú (negro) incluido. Lo que también significa que cualquiera puede desafiar* el poder racista (1) desmintiendo esas **ideas racistas**, y (2) observando y oponiéndose a las **políticas racistas** que dichas ideas han justificado.

Los negros y otras personas de color no carecen de poder, ni institucional ni de otro tipo. Y es reconociendo el poder que tienes cuando das el siguiente paso para ser **antirracista**. Esto es muy importante.

De vuelta a la oficina, tú y el redactor se miran fijamente, con la designación **racista** que utilizó para ciertas personas de tu mismo grupo racial impregnando el aire y dificultando la respiración. Te da un ultimátum: termina tu columna racial en el periódico de tu universidad o te echará de las prácticas.

Eliges lo primero: graduarte es más importante que mantener un espacio en el que puedes vomitar públicamente vitriolo (racista) apenas disimulándolo. Pero duele; al cerrar esa columna, sientes como si estuvieras cerrando una parte de ti mismo…

Y lo estás haciendo. Pero es lo mejor. Ya lo verás.

OTRA NOTA SOBRE LA PALABRA CON N

Así que ahora hay un elefante en la habitación. Porque, aunque hemos hablado del origen y la naturaleza denigratoria inherente a la palabra con N (en español tanto como en inglés), no hemos hablado de la otra versión. La que los artistas de hip hop y ciertos amigos lanzan como si fueran frisbees: *nigga*.

Sin duda, hay y siempre ha habido mucha controversia en torno al uso del *nigga* por parte de negros y no negros. Pero antes de entrar en detalles, añadamos un par de definiciones a nuestro repertorio.

> **Insulto:** Comentario despectivo o desaire dirigido a uno o varios miembros de un grupo concreto, utilizado normalmente para intimidar o recordar a los miembros de dicho grupo su marginación social.

Hay muchos **insultos**, cada uno específico de un aspecto de la humanidad de un individuo sobre el que tiene poco o ningún control. Hay **insultos** para los negros (como negrata), los asiáticos orientales, los sudasiáticos y los latinos. Hay **insultos** para personas de diferentes etnias dentro del mismo grupo racial. Hay insultos para personas discapacitadas, personas neurodivergentes y personas que forman parte de la comunidad LGBTQIAP+.

NOTAS DE NIC:

* Para ver algunos ejemplos de lo que quiero decir, lee cualquier cosa sobre los linchamientos durante la época de Jim Crow. Y luego lee la historia de Matthew Shepard.

Y muchos de estos insultos son grotescos. Los miembros de grupos considerados "superiores" por las normas sociales suelen utilizar **insultos** para reforzar su sentido de superioridad haciendo que los demás se sientan pequeños. Los **insultos** sirven para recordar a todo el mundo las jerarquías existentes, sean legítimas o no. Y su uso en la actualidad suele provocar miedo, ya que a veces van acompañados de violencia física.*

Cuando el editor te dijo lo que te dijo, estaba usando un **insulto** al 100 %.

Pero aquí hay un giro.

Reapropiación lingüística: El proceso cultural mediante el que un grupo recupera palabras o lenguaje utilizados históricamente para degradar o menospreciar, creando un cambio semántico que neutraliza las palabras con el tiempo.

Los insultos recuperados son una forma de reapropiación lingüística, y *nigga* es un insulto recuperado. Existen en muchas comunidades marginadas; inevitablemente oirás a mujeres y hombres homosexuales referirse cariñosamente los unos a los otros con palabras que consideraríamos insultos. Algunos miembros de la comunidad LGBTQIAP+ (entre los que yo, Nic, me incluyo) se autodenominan *maricones*, lo que en un momento dado era totalmente despectivo.

84

Sin embargo, lo que ocurre con los insultos reivindicados es que existe una gran controversia sobre quién puede utilizarlos. Por ejemplo, ¿las personas que no forman parte de una comunidad marginada pueden usar en voz alta estos insultos recuperados?

Lo que nos lleva de nuevo a *nigga*.

Una vez que estás en el mundo haciendo el duro trabajo de enseñar a la gente sobre antirracismo y por qué es importante, te vas a encontrar con un montón de gente blanca —especialmente adolescentes— que tienen mucha curiosidad sobre la reivindicada palabra con N y si se les permite o no usarla. Muchos de ellos te preguntarán desde un lugar incómodo porque se sienten "limitados", pero algunos se preguntarán sinceramente si es racista que alguien utilice cualquier forma de la palabra, negros incluidos.

La respuesta: Depende.

¿Pueden los negros utilizar la recuperada palabra N de forma **racista**? Es decir, ¿puede utilizarse de forma que atribuya rasgos o comportamientos negativos a los negros en general? Por supuesto que sí.

Pero también puede ser un término cariñoso. Una declaración de solidaridad.

Un recordatorio de pertenencia y de historia y experiencias compartidas. Al fin y al cabo, nadie puede restringir realmente el uso de una palabra. Hay personas no negras que nunca dirían "negro" cuando hay negros cerca, pero que la lanzan al aire como confeti cuando están con amigos no negros. Al igual que hay personas que no tienen ningún problema en utilizar **insultos** reales cuando no están en compañía de personas que pertenecen al grupo que están denigrando activamente.

Lo que está claro es que el verdadero **antirracismo** no puede ser un espectáculo. Los insultos reivindicados están diseñados para devolver a los miembros de los grupos marginados parte de su poder y agencia. Cuando personas que no forman parte de esos grupos marginados los dicen o utilizan, están reforzando su propio poder social, aunque sea de forma totalmente inconsciente.

Esto es lo contrario del antirracismo. Piensa en ello: ¿puede alguien reforzar su propio poder social (inmerecido) y desmantelar la desigualdad al mismo tiempo?

Merece la pena reflexionar.

7

BLANCO

Ahora que sabes que no eres impotente, pero que también puedes perpetuar las desigualdades que te afectan negativamente a ti y a la gente como tú, pasemos al último escollo en tu lucha contra el racismo. Te lo advierto: no te va a gustar lo que vas a descubrir.

Tenemos que rebobinar un poco.

> **NOTAS DE NIC:**
> * No, de verdad: hubo una preocupación mundial de que una vez que el reloj marcara la medianoche del 1 de enero de 2000, el mundo implosionaría. #Y2K. (Aunque, bueno, los hashtags no existían en ese momento).

Llegas al año 2000 sin que el mundo se desmorone,* y estás a punto de empezar tu primer año en la FAMU (Florida A&M University, para los no iniciados). Tu compañero de cuarto se llama Clarence, y ustedes dos no podrían ser más diferentes. Clarence, un auténtico sureño, nació y creció en Birmingham, Alabama, y encarna lo opuesto a tu (autopercibida) ineptitud académica; es un auténtico genio. Su inclinación a pensar de forma crítica y a analizar todo metódicamente y desde múltiples ángulos contrasta con las teorías e ideas a las que tiendes a aferrarte. Clarence tiene grandes objetivos, un plan de vida bien trazado y una sensación de claridad que a ti te falta, sobre todo en lo que respecta a tu sentido de identidad y dirección.

A medida que pasan tiempo juntos en la escuela, esas diferencias se hacen patentes en las formas que tienen de ver y experimentar el mundo y las personas que lo habitan.

Observa: estás en la puerta de la habitación de Clarence, en el apartamento que comparten, a los pocos meses de empezar el segundo semestre del segundo año universitario. Clarence, que te conoce bastante bien después de casi dos años de convivencia, probablemente intuía que se estaba gestando una discusión. Su pragmatismo cínico choca constantemente con tu credulidad soñadora. Te pregunta sin rodeos: "¿Qué quieres decirme?".

Tú respondes: "Creo que he entendido a los blancos".

A pesar de ser una afirmación bastante atrevida, no suscita intriga, sino la exasperación de tu sensato compañero de piso. "¿Qué pasa ahora?", responde.

Aún no te das cuenta, pero tu llegada a la FAMU está impregnada de ideas racistas antinegras. De hecho, en un ensayo para Inglés 101 escribirás: "Nunca había visto a tantos negros juntos con motivos positivos". (¡Caramba!).

Sin embargo, el primer año fue también el momento en el que asumiste algunas creencias nuevas, sin abordar las dañinas que tienes sobre otros miembros del propio grupo racial. Empiezan a arraigar durante las elecciones presidenciales de 2000. George W. Bush, el hermano mayor republicano del gobernador de Florida —Jeb, un tipo blanco conservador que, en opinión de tu clase de primer año de la FAMU (entre otros), tiene una gran mancha en su expediente tras haber decidido poner fin a los programas de Acción Afirmativa en todo el estado a principios de año— se presenta contra el vicepresidente en funciones, un demócrata. Es la primera vez que tu compañero de dormitorio y tú votan en unas elecciones presidenciales, y todos se han unido a la mayoría de los floridanos negros para votar y salvar al resto de Estados Unidos de la familia Bush.

> **NOTAS DE NIC:**
> El padre de George W. y Jeb había sido presidente de Estados Unidos durante cuatro años antes de la toma de posesión de Bill Clinton en 1993.

Y las cosas pintan bien. En la noche electoral, está claro que quienquiera que gane el estado de Florida se llevará todo, y poco después del cierre de las urnas, la cara de Al Gore llena la pantalla del único televisor de la sala de televisión de tu residencia universitaria, anunciándolo como ganador preliminar del estado. Te vas a la cama aliviado y triunfante.

Salvo que te despiertas a la mañana siguiente y te enteras de que George W. Bush lleva una ventaja muy estrecha. Y las personas nombradas por su hermano están supervisando el recuento. El conflicto de intereses te parece evidente y, por primera vez, te das cuenta de lo injustas que pueden ser las cosas.

Es exasperante.

Durante las dos semanas siguientes, te enteras de que a los negros de todo el estado se les impidió votar por una u otra razón: ciudadanos que se registraron, pero nunca recibieron sus tarjetas de registro; personas cuyos lugares de votación habían sido cambiados sin su conocimiento; votantes registrados a los que se les negó una papeleta o se les ordenó abandonar las largas colas una vez cerradas las urnas.

A principios de año, en Florida, cincuenta y ocho mil personas supuestamente condenadas por delitos graves fueron eliminadas de los censos electorales y, aunque los negros solo representaban el 11 % de los votantes registrados, constituían el 44 % de la lista de eliminados. En total, se invalidaron cerca de ciento ochenta mil papeletas en unas elecciones ganadas por menos de seiscientos votos.

Al principio, dos mil estudiantes realizan una marcha silenciosa hasta el Capitolio de Florida y llevan a cabo una protesta pacífica. Pero al regresar al campus, todavía muy enfurecidos, dirigen su ira hacia las personas que se parecen a ti, buscando a los no votantes del campus, avergonzándolos con historias de personas que marcharon y dieron su vida para poder votar. Te metiste de lleno en un movimiento de poder racista tan antiguo como el tiempo: culpar a la víctima de su propia victimización.*

Poco a poco, mientras observas lo que te parece la destrucción total de la democracia como concepto, tu mirada se aleja de la creencia arraigada y bien oculta de que los negros son el problema, y la fijas en algo nuevo: un apasionado y contundente odio hacia los blancos.

Lo interesante aquí: cuando buscas algún tipo de prueba que apoye tu odio, no tienes ningún problema en encontrarla. Al igual que existen todo tipo de teorías pseudocientíficas e historias de origen sobre la supuesta inferioridad de los negros, el mismo tipo de teorías existen para explicar

NOTAS DE NIC:

* Vas a ver esta táctica hasta bien entrado el siglo XXI, especialmente en lo que respecta a la violencia policial cometida contra la gente de color.

de dónde vienen los blancos... y el origen de su supuesta naturaleza "diabólica".

TEORÍA UNO:

El mundo era originalmente todo negro, pero un malvado científico que fue exiliado con sus seguidores a una isla remota se enojó muchísimo y decidió vengarse creando "sobre la tierra una raza diabólica". No entraremos demasiado en detalles, pero resumiendo, a través de lo que básicamente fue una eugenesia basada en el colorismo, este tipo —Yakub era su nombre— creó "estos demonios rubios, de piel pálida, fríos y de ojos azules".

> **Eugenesia:** La práctica de "mejorar" la especie humana animando a las personas con genes "buenos" a reproducirse, o impedir que las personas con genes "malos" se apareen. (Y sí, esto es definitivamente tan grotesco e inhumano como suena).

Muy duro.

A partir de ahí, los blancos de Yakub escaparon de la isla e invadieron los espacios donde los negros vivían en paz, convirtiendo "lo que había sido un pacífico paraíso terrenal en un infierno desgarrado por riñas y peleas". Los negros encerraron a estos blancos en cuevas europeas, pero entonces apareció Moisés, los liberó y les enseñó la civilización.

Incluso si ignoramos el hecho de que esta historia del origen de la blancura no está muy alejada de lo que tú mismo aprendiste sobre la procedencia de los negros —de la selva africana, de donde fueron sacados y civilizados por los esclavistas y colonizadores blancos, pero sin éxito, de ahí el descenso de los negros a la criminalidad y la amoralidad—, es suficiente no solo para mantenerte encantado, sino para darte una explicación de todos los malos tratos que has recibido por parte de los blancos a lo largo de tu corta vida.

Pero lo más importante era que te daba un gancho para colgar tu capa de odio cuando pensabas en todos los abogados, jueces, policías, funcionarios y políticos blancos que estaban implicados en lo que tú considerabas la destrucción de la democracia. Eso sí que lo consiguió. Consolidó las ideas básicas que te llevarían a esa columna que empezaste en el periódico de tu universidad: había algo profunda y poderosamente erróneo en los blancos, que los hacía malvados hasta la médula.

TEORÍA DOS:

La teoría de las dos cunas. Propuesta por un erudito senegalés llamado Cheikh Anta Diop, esta teoría sugiere que el clima riguroso y la falta de recursos en el hemisferio norte superior —la cuna del norte— creó en los europeos comportamientos bárbaros, individualistas, materialistas y belicosos, que son la fuente de destrucción del mundo.

Por el contrario, el clima agradable y la abundancia de recursos de la cuna meridional catalizaron las características africanas de comunidad, espiritualidad, compostura y paz, que son la verdadera fuente de civilización en el mundo.

Cierto. Es mucho.

TEORÍA TRES:

La supuesta crueldad de la raza blanca es producto de su crianza en la Edad de Hielo. (Entorno frío = corazón y sangre fríos, ¿quizá?) Y luego...

TEORÍA CUATRO:

La propuesta fue hecha por una psiquiatra llamada Frances Cress Welsing cuando buscaba pruebas biológicas: Como los blancos son la minoría global, su "profundo sentido de insuficiencia numérica e inferioridad de color" causa su "incontrolable sentido de hostilidad y agresión". La idea aquí es que los instintos de supervivencia son los que hacen que los blancos sean despiadados porque se están defendiendo de su propia aniquilación genética.

Como vimos en el capítulo anterior, al final te ves obligado a reconocer los errores fundamentales de todas estas teorías. Pero a través del proceso de aprender y desaprender, te das cuenta de algo muy importante: odiar a los blancos como colectivo no está en consonancia con tu deseo de ser antirracista.

Ahora es cuando las cosas empiezan a ponerse un poco controvertidas. Porque si bien hemos establecido que cualquiera puede suscribir ideas racistas sobre cualquier grupo racial de color, una vez que la gente empieza a hablar de raza y racismo en el siglo XXI, oirás el argumento de que, como el **racismo** tiene que ver con el poder institucional y la capacidad de oprimir, los negros y la gente de color no pueden ser **racistas** con los blancos porque los negros y la gente de color no pueden oprimir o someter a los blancos a gran escala.

Pero si repasamos nuestra definición de **idea racista** —"Cualquier idea que sugiera que un grupo racial es inferior o superior a otro grupo racial de cualquier forma"— y reconocemos también que nuestro pensamiento antiblanco define a los individuos por su pertenencia a un grupo racial y ve a todo un grupo racial a través de la lente de un solo individuo, será difícil calificar este odio al grupo total de los blancos como otra cosa que no sea racista.

En pocas palabras, aunque ser **antirracista** implica oponerse y denunciar el racismo de los blancos —las palabras racistas, las acciones y las políticas de los blancos—, también significa no odiar a los blancos. Solo hay algo "malo" en los individuos blancos cuando adoptan ideas y políticas racistas... y luego niegan que dichas ideas y políticas sean racistas. Especialmente cuando se enfrentan a personas de color.

¿Las personas blancas han masacrado y esclavizado a millones de personas indígenas y africanas?

Sí.

¿Han colonizado y empobrecido a millones de personas de color en todo el mundo mientras ellos se enriquecían?

Sí.

¿Las personas blancas han producido **ideas racistas** para apoyar las **políticas racistas** que perpetúan las **desigualdades raciales**... y luego han culpado a las víctimas?

Absolutamente.

¿Las personas que son blancas, pero no han utilizado activamente el **poder racista** para producir **políticas racistas**, aún se benefician de dichas políticas?

Sí.

Pero no hay "genes blancos" a los que culpar de nada de esto. Y nada de esto tiene que ver con que los blancos sean innatamente malos. Optar por ser antirracista significa no confundir el odio al racismo de los blancos con el odio a los blancos. Significa ver a los blancos como individuos, incluso cuando defienden activamente ideas racistas. Significa no confundir nunca el odio antirracista al racismo de los blancos con el odio racista a los blancos.

NOTAS DE NIC:

Se da el desafortunado fenómeno de que a veces una persona de color llama la atención a una persona blanca por decir o hacer algo racista, y su respuesta inmediata es rebatir y decir que la persona de color está siendo racista por llamar la atención sobre el racismo.

Lo cual... es racista. ¿Cómo? Pues porque desvía la atención de la declaración o el acto verdaderamente racista y crea una pequeña burbuja de seguridad a su alrededor, protegiendo así —y por lo tanto perpetuando— el racismo que dicha declaración o acto refuerza.

Lo antirracista que corresponde hacer en este caso, querido lector blanco que podría estar siendo descrito como racista, es resistirse a ofenderse y, en su lugar, hacer una pausa para escuchar, investigar y reflexionar. Ver si esa persona de color puede estar en lo cierto en su valoración de lo que se ha dicho o hecho.

¿Qué cosas puedes odiar con fuerza?

Supremacía blanca: La creencia, teoría o doctrina de que los blancos son intrínsecamente superiores a las personas de todos los demás grupos raciales y étnicos y, por lo tanto, son el grupo dominante en cualquier sociedad.

UNA PALABRA (O DOS) SOBRE LA "BLANCURA"

Antes de utilizarse para etiquetar a un grupo racial, la palabra inglesa *white* (blanco) se refería al color creado por la reflexión combinada de casi todas las longitudes de onda separadas de la luz natural o eléctrica.

La idea de "blancura" aplicada a los miembros del grupo de personas racializadas —normalmente de ascendencia europea y caracterizadas por un tono de piel pálido y rasgos faciales muy específicos— es una construcción de poder (que, te recuerdo, es una estructura social creada por acciones y creencias humanas que genera diferencias de poder entre grupos).

En conclusión, los blancos son blancos por la misma razón por la que los negros son negros: porque así lo decidieron quienes crearon la idea de **raza**, un sistema jerárquico de clasificación de los seres humanos utilizado para justificar el trato bárbaro, deshumanizado y abiertamente desigual de grupos específicos de personas.

Dicho esto, es probable que haya personas blancas que lean esta historia de tu viaje hacia el antirracismo y aprendan cosas que podrían hacerlas sentir culpables o incómodas por su blancura.

Esperemos que, en lugar de dejar el libro durante esos momentos de culpa o incomodidad, los lectores blancos que presumiblemente quieren ser antirracistas, como sugiere el título del libro, se apoyen en esos sentimientos incómodos y los vean como una puerta a la empatía. Porque no se puede negar que tú (y la mayoría de los negros y personas de color que lean este libro), sin tener culpa alguna, has sentido en algún momento —ya sea consciente o inconscientemente— cierto grado de culpa, vergüenza o incomodidad por tu negritud.

Segunda parte

EXTERIOR: ENFRENTARSE AL MUNDO

He llegado a la conclusión de que el paso de racista a antirracista es un proceso continuo que requiere comprender y despreciar el racismo. Y más allá de eso, significa estar dispuesto a luchar en las intersecciones del racismo con otros fanatismos.

—Dr. Ibram X. Kendi, *Cómo ser antirracista*

– 8 –

COLOR

De acuerdo.

Ahora que ya tienes la mente bien puesta en lo que respecta a las cosas/ideas/paradigmas/ internos, etc., es hora de dar la vuelta a esos ojos y empezar a conectar algunos puntos de la realidad exterior que, con un poco de suerte, revelarán una imagen de un mundo más equitativo para todas las personas.

Empecemos retrocediendo a ese fatídico primer año de universidad.

Estás en tu primer partido de fútbol americano de la FAMU, y tus queridos Rattlers están derrotando a los Morgan State Bears por 39-7. Tú y Clarence están en las gradas, viendo no solo el juego, sino a la legendaria banda marcial de la FAMU, uniformada de naranja y verde y con sus altos sombreros.

Y aunque, gracias a los uniformes, todos los miembros de la banda se parecen, tú y Clarence parecen tan diferentes como sus respectivos trasfondos académicos y formas de acercarse al mundo.

Mientras que tú eres de piel morena oscura, Clarence es más claro. Y mientras los ojos color avellana de Clarence son reales (por raros que sean entre los afroamericanos), tus iris color miel, u "ojos anaranjados" como dicen tus amigos, son el resultado de los lentes de contacto de color que empezaste a usar poco antes de venir a la FAMU.

La ironía aquí es que tú sabes de otras personas negras que usan lentes de contacto de color, pero si dichos contactos son de color azul o verde, esos negros parecen estar como esforzándose por parecer blancos. ¿Y tú? A menudo te haces trenzas, un peinado que sabes que a menudo se asocia con una idea racista de pertenecer a una pandilla. Una forma inocente de conseguir una versión ligeramente más atractiva de ti mismo.

¿Pero de qué no te das cuenta? La idea de que los ojos claros son "más bonitos" que los oscuros está arraigada en ideas racistas sobre la belleza.

Aquí vuelve a estallar el duelo de conciencias. Porque, aunque te guste ser negro, e incluso si estás orgulloso de serlo, no estás muy interesado en parecer negro. Muchos de los negros que te rodeaban entonces tampoco lo estaban. Y aunque la blancura ya no parece conducir el autobús de los estándares de belleza, lo que la ha sustituido en este falso mundo "posracial" en el que vives en el año 2000 es poco más que eurocentrismo disfrazado de negro de piel clara.*

La *ambigüedad racial* es (y sigue siendo incluso en el siglo XXI) el nombre del juego de los concursos de belleza, pero todo está amañado y lo ha estado desde que las personas de piel más oscura han sido consideradas inferiores; es decir, durante la mayor parte de la historia de la humanidad. ¿Por qué?

Colorismo: Una poderosa colección de políticas que conducen a la desigualdad y la injusticia entre las personas claras y oscuras, apoyadas por ideas de

* Breve historia del blackface: Después de la Guerra Civil, los actores solían cubrirse la cara con betún de zapatos o pintura de grasa para parecer negros y hacer caricaturas que perpetuaban estereotipos profundamente racistas sobre los negros. Aunque el blackface no se originó en Estados Unidos —los actores blancos se pintaban la cara de negro para representar Otelo, de Shakespeare, en Europa hace siglos—, la forma en que se utilizó aquí influyó tanto en el concepto que los blancos tenían de los negros tras la emancipación, que las leyes más abiertamente racistas y discriminatorias de la historia de Estados Unidos recibieron su nombre del personaje de un juglar negro creado por un actor llamado Thomas Dartmouth Rice: Jim Crow.

jerarquía racial sobre las personas claras y oscuras.

El **colorismo**, un término acuñado por la famosa escritora afroamericana Alice Walker en 1983, es una herramienta de **poder racista** que perpetúa las **desigualdades raciales** de forma profundamente insidiosa. Y no es algo nuevo. Desde tiempos inmemoriales —léase cuando los europeos decidieron que blanco era sinónimo de "civilizado y, por tanto, inherentemente superior"—, las personas de piel más clara (más próximas a la blancura) han recibido un trato diferente, y normalmente mejor, que las de piel oscura.

¿Eso de que los esclavos de piel clara solían trabajar en casa mientras que los de piel oscura eran relegados al campo? Cierto. Se decía que las

* Estas apreciaciones proceden del teólogo y profesor de Princeton, Samuel Stanhope Smith.

personas de piel clara eran aptas para tareas cualificadas, mientras que las de piel oscura se consideraban más adecuadas para trabajos físicamente exigentes. Los esclavistas incluso pagaban más por las mujeres de piel clara que por sus homólogas de piel oscura. De hecho, se decía que los "esclavos del campo" de piel más oscura tenían cuerpos "generalmente mal formados" y cabellos "muy alejados de las leyes ordinarias de la naturaleza".*

¿Qué es lo más loco? Aunque las personas de piel clara, históricamente y en la actualidad, tienden a recibir mejor trato que las de piel oscura, el poder racista siempre ha encontrado formas de impedir que las personas de piel clara reciban todos los beneficios de la blancura. Por ejemplo, la regla racista de "una gota" mencionada en la primera parte de este libro.

Lamentablemente, estas **ideas racistas** basadas en el color se trasladaron a la percepción que los negros tenían de sí mismos y de los demás negros. Incluso después de la emancipación en 1865, algunas personas de color se esforzaron por distanciarse de las personas más oscuras tanto como los blancos se esforzaron por distanciarse de los negros liberados.

El **colorismo** no es exclusivo de los afroamericanos ni siquiera de Estados Unidos; las desigualdades entre claros y oscuros persisten en todos los países afectados por el colonialismo europeo, desde China a la India, pasando por Filipinas y Brasil.

El **colorismo** también es fuente de discriminación interracial: individuos del mismo grupo racial o étnico que se discriminan entre sí. Lo que puedes ver de primera mano como estudiante de primer año en la FAMU, donde oyes con frecuencia a tus compañeros negros humillar, degradar y deshumanizar a las chicas y chicos de piel más oscura, en favor de otros con piel un poco más clara.

Al principio, te dejas llevar por estas tendencias, aunque sin darte cuenta. La primera joven con la que sales en la FAMU es más clara que tú, con el

pelo largo y liso. De hecho, te das cuenta de esto al ver cómo tus amigos están encantados con ella, pero ignoran por completo a su compañera de habitación y mejor amiga, de piel más oscura. Mientras peor tratan a las chicas de piel oscura, peor te sientes contigo mismo por gustarte la chica de piel clara.

Lo que podría parecer el catalizador de un muy necesario cambio de rumbo, pero en realidad solo te da un fuerte empujón hacia el extremo opuesto —y, *spoiler*, igualmente despreciable— del espectro del colorismo. No solo pasas a salir solo con chicas de piel oscura, sino que levantas tanto la barbilla que acabas mirando por encima del hombro a los que prefieren a las personas de piel clara e incluso a las propias personas de piel clara.

Acabas uniéndote a las viejas filas de las personas de piel oscura (negras) que alienan y condenan al ostracismo a las personas de piel clara (negras) hasta el punto de cuestionarse y hacer que se cuestionen si realmente "califican" como negros.

Sí, a GRAN ESCALA, los beneficios de una raza multicolor —empleo, educación, representación en los medios de comunicación, etc.— benefician desproporcionadamente a las personas de piel más clara. Y las **políticas racistas** tienden a afectar desproporcionadamente a quienes tienen la piel más oscura.

El verdadero problema con la otra cara del colorismo pro piel clara —y con el **colorismo** en general— es que, se mire por donde se mire, el **poder racista** sigue ganando. Tanto si las personas de piel oscura desprecian a las de piel clara —lo que suele deberse al resentimiento por el mejor trato general que reciben las personas de piel clara debido a su mayor proximidad a la blancura—, como si las personas de piel clara se burlan de las de piel oscura, el verdadero enemigo, la **supremacía blanca** descontrolada, sale impune.

Entonces, ¿cómo se elige ser **antirracista** en relación con el color? Bueno, como descubrirás, empieza por reconocer que todos los colores de piel —y según un proyecto fotográfico creado por la artista brasileña Angélica Dass, hay al menos cuatro mil— son buenos colores de piel. Que ningún color de piel es mejor que otro.

Y luego viene lo más difícil: ser **antirracista** implica eliminar completamente cualquier estándar de belleza que eleve un determinado color de piel o de ojos, textura del cabello, rasgo facial o tipo de cuerpo compartido por un grupo concreto.

Significa diversificar nuestros estándares y ver toda la belleza natural —es decir, la apariencia física sin alteraciones ni mejoras— como igual.

Café oscuro o crema claro, ambos son impresionantes. Casi tan impresionante como la banda marcial de la FAMU durante el descanso.

Pero en la escuela secundaria —a la que nos dirigimos a continuación— aún no te has dado cuenta de nada de esto.

- 9 -

ETNICIDAD

Bien, ahora retrocedamos seis años: todo el séptimo grado y entrando en octavo. Te acabas de ir del Joseph's Parish Day School, el colegio privado episcopal donde te pusieron tus padres después de aquel tercer grado con un profesor sin nombre que tenía favoritismos hacia los blancos. Ahora estás en un colegio luterano cercano.

Pero, a pesar de las raíces cristianas de dicha escuela luterana, la forma en la que tú y tus compañeros de clase se meten los unos con los otros está muy lejos del "Ama a tu prójimo como a ti mismo".

Hay un tipo al que llaman Speedo porque es muy estirado. A un chico con una pequeña hendidura en el cráneo no paran de hacerle bromas sobre camellos. Se burlan de una chica con piernas largas por su parecido con los rascacielos. A los niños con sobrepeso de todos los sexos les preguntan sin piedad si están embarazados. Y tus compañeros te llaman Bonk, en referencia a un personaje de videojuego cuya arma preferida era su inmensa cabezota: hacía un ruidito como *bonk bonk bonk* cuando atacaba a sus enemigos. Eres el blanco de los insultos de tus compañeros de clase y dices tantas barbaridades como recibes. Como todo el mundo.

Por esas mismas fechas, la gente de todo el país estaba pegada al televisor y a la radio, esperando conocer el veredicto de lo que entonces era un caso histórico: el de la ex superestrella del fútbol universitario y de la NFL, O. J. Simpson, un hombre negro que estaba siendo juzgado por los asesinatos de su exmujer (blanca) y su amigo (blanco). Y aunque te resulte difícil entender por qué, estás profundamente implicado en este caso.

Y en tu clase de octavo grado, cuando el veredicto de INOCENTE se lee en voz alta en la radio, tú y tus compañeros negros se ponen en pie de un salto, regocijándose y abrazándose en señal de triunfo.

Entonces no eres del todo consciente de ello, pero en los pocos años anteriores, errores judiciales profundamente inquietantes enviaron un mensaje muy claro: el daño deliberado causado a cuerpos negros no merece castigo judicial. Rodney King, un hombre afroamericano, fue brutalmente apaleado en Los Ángeles. Y los autores, un grupo de agentes de policía, salieron libres.

Por eso el veredicto de inocencia en el caso de O. J. Simpson parece tan monumental. Para los adultos negros que te rodean, y por lo tanto para ti y tus compañeros, los resultados de su juicio se sienten como un pequeño bocado de justicia. Todos los ejecutores no negros de la violencia contra los negros salieron libres por falta de pruebas suficientes y O. J. Simpson también.

Es una victoria para todas las personas racializadas como negras. Como Abner Louima, un hombre acusado falsamente de agredir a un agente de policía y que fue detenido, golpeado brutalmente y violado de formas indescriptibles; o Amadou Diallo, un estudiante desarmado de veintitrés años asesinado por cuatro agentes de policía de Nueva York vestidos de civil en medio de una lluvia de disparos. Ambos eran inmigrantes:

Louima, de Haití, y Diallo, de Guinea. Pero eso no importaba porque, sin importar dónde nazca cada persona negra —en suelo estadounidense o en cualquier otro lugar—, la violencia racista no distingue. Solo ve *negros*.

Sin embargo, tú y tus compañeros de séptimo y octavo son diferentes. Y hay un niño en tu clase para quien las "bromas" son otra cosa. Porque tienen menos que ver con algún rasgo de personalidad fácil de ridiculizar o con una característica física atípica —como una cabeza grande como la tuya— que con el origen de este chico. Se llama Kwame. Y es ghanés.

Las burlas e insultos dirigidos a Kwame tienen un toque especial. No importa lo más mínimo que Kwame sea el epítome de lo *guay* en esa época: popular, atlético, divertido y guapo. Aunque a los ojos del racista medio, Kwame sería simplemente *negro* —como O. J. Simpson, Rodney, Abner y Amadou—, para ti y tus compañeros afroamericanos, su origen ghanés lo convierte en *otro*.

¿Por qué?

> **Etnicidad:** El hecho de compartir una cultura, lengua, religión, origen nacional o un conjunto de rasgos físicos comunes y distintivos entre un grupo de personas.

Kwame no es *afroamericano*, es decir, descendiente de personas esclavizadas en Estados Unidos. Es ghanés-americano, descendiente de personas que emigraron de la nación de Ghana, en África Occidental. Y con su etnia específica vienen ideas racistas específicas, muchas de las cuales tienen su origen en el comercio de personas esclavizadas. Así que, aunque tú y tus compañeros se rían, al vomitar estas ideas racistas en forma de "chistes", no solo las están corroborando, sino que están deshumanizando a otros miembros de la diáspora africana: el conjunto mundial de grupos humanos descendientes de nativos africanos, muchos de los cuales se dispersaron durante el comercio de personas esclavizadas.

Y lo estás haciendo de la misma manera en la que lo hicieron los comerciantes de personas esclavizadas. Y de la misma forma en la que lo sigue haciendo el poder racista.

Son **ideas racistas étnicas**. Y conducen a políticas racistas que crean desigualdades entre grupos étnicos racializados. En lo que a los negros se refiere, este asunto empezó cuando diferentes esclavistas preferían esclavizar a personas de diferentes grupos étnicos en diferentes partes de África en función de su "calidad". Y mientras que tus "chistes" y los de tus compañeros se inclinan por nociones hiperbólicas de que los africanos son animales, bárbaros e incivilizados, las formas más comunes e insidiosas de **ideas racistas étnicas** enfrentan a los miembros de los propios grupos racializados unos contra otros. Lo cual, al igual que con el colorismo, permite al **poder racista** hacer lo que se le antoje.

El **racismo étnico** no es nuevo ni se limita a los negros. Entre las décadas de 1880 y 1960 se promulgaron varias leyes federales para limitar la inmigración no europea a Estados Unidos. La Ley de Exclusión China de 1882 se amplió en 1917 con la creación de una zona de prohibición asiática para limitar la inmigración procedente de Asia Oriental; la Ley de Cupos de Emergencia

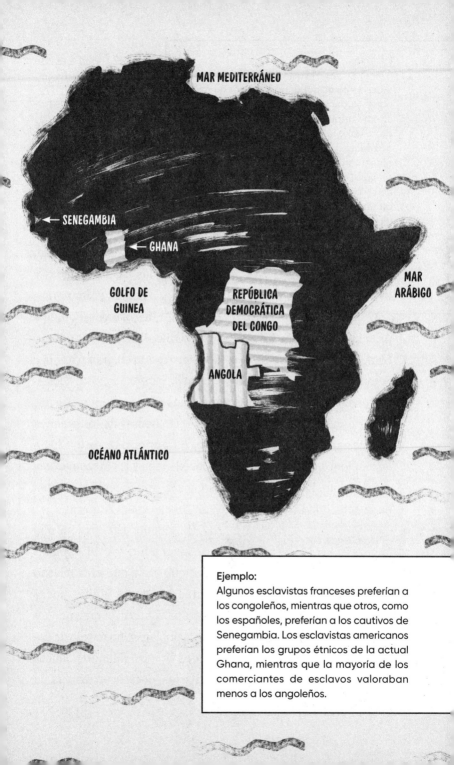

MAR MEDITERRÁNEO

SENEGAMBIA

GHANA

GOLFO DE GUINEA

REPÚBLICA DEMOCRÁTICA DEL CONGO

MAR ARÁBIGO

ANGOLA

OCÉANO ATLÁNTICO

Ejemplo:
Algunos esclavistas franceses preferían a los congoleños, mientras que otros, como los españoles, preferían a los cautivos de Senegambia. Los esclavistas americanos preferían los grupos étnicos de la actual Ghana, mientras que la mayoría de los comerciantes de esclavos valoraban menos a los angoleños.

A medida que la inmigración a Estados Unidos procedente de países no europeos aumentaba en la década de 1990, también lo hacía el porcentaje de negros no descendientes de pueblos africanos esclavizados y traídos a Estados Unidos por la fuerza. Y con ello aumentaron las discrepancias entre ambos grupos. Los inmigrantes negros, en su mayoría africanos o antillanos, consideraban a los afroamericanos vagos, mezquinos, dependientes de la asistencia social y carentes de ambición, educación y valores familiares. Por otro lado, los afroamericanos eran propensos a tachar a los inmigrantes negros de elitistas, egocéntricos, partidarios de los blancos y carentes de conciencia racial.

de 1921 y la Ley de Inmigración de 1924 limitaron la inmigración procedente de África, Europa Oriental y Meridional y Asia.

Y todo para dejar paso a más inmigrantes de Escandinavia, las Islas Británicas y Alemania: inmigrantes blancos. Porque a principios del siglo XX, los grupos étnicos racializados como blancos —lo cual estaba (y está) determinado en gran parte por el tono de la piel, la textura del cabello y otros rasgos físicos— se consideraban superiores a todos los demás grupos étnicos.

Desgraciadamente, descubrirás que, a pesar de los grandes avances antirracistas entre los años 60 y principios de los 2000, las nociones de superioridad de los blancos y las ideas racistas sobre lo que hace que una persona sea "americana" persisten en la actualidad… y dicen que son "buenas para América".

NOTAS DE NIC:
En 2018, el presidente Donald Trump dijo a los legisladores: "Deberíamos tener más gente de lugares como Noruega". Es decir, gente blanca.

El senador Jeff Sessions dijo precisamente eso al explicar por qué creía que el Gobierno estadounidense debía hacer algo para frenar el crecimiento de la población no nacida en Estados Unidos. Citando políticas (racistas) puestas en marcha en la década de 1920 que, de hecho, frenaron la inmigración, Sessions también sugirió que la asimilación "creó realmente la sólida clase media de Estados Unidos". Llevó estas ideas a su papel como fiscal general, cargo que ocupó de 2017 a 2018. Las políticas de inmigración antilatinas, antimedioorientales y antinegras promulgadas durante este período fueron un espantoso retroceso a la legislación racista de un siglo antes, lo que sirve como un vívido recordatorio de que para el **poder racista**, incluso si hay un sentido de jerarquía con respecto a los diferentes grupos étnicos —por ejemplo, los inmigrantes africanos, cubanos y de Asia oriental son vistos más favorablemente que los afroamericanos, mexicanos y sudasiáticos—, el objetivo es mantener las ideas racistas de inferioridad y perpetuar las desigualdades raciales. Por eso es vital reconocer y resistirse a las ideas racistas étnicas, tanto en nuestro propio grupo racial como con respecto a otros grupos raciales. Las personas de ascendencia china o coreana no son "naturalmente" mejores/más inteligentes/más atractivas que las personas de ascendencia india o pakistaní, y todas son racializadas como "asiáticas". Los descendientes de nigerianos o ghaneses no son "naturalmente" más estudiosos/industriosos/ambiciosos que los afroamericanos o jamaicanos, y todos son racializados como "negros". Los descendientes de venezolanos o cubanos no son "naturalmente" más honestos/inteligentes/prósperos que los descendientes de mexicanos o salvadoreños, y todos son racializados como "latinx".

Elegir **ser antirracista** significa ver a todos los grupos étnicos dentro de todas las categorías raciales como iguales en todas sus diferencias. Significa acabar con todas las concepciones de jerarquías étnicas cuando surjan (y créeme que surgirán) y no solo rechazar las ideas racistas sobre el propio grupo étnico, sino también negarse a consumir y regurgitar ideas racistas sobre otros grupos étnicos.

Significa centrarse en las **políticas** que crean desigualdades entre grupos étnicos racializados y no en los propios grupos étnicos.

Pero aún no lo has aprendido. Y no lo habrás aprendido al final del octavo grado. Tú y tus compañeros seguirán burlándose de Kwame por su herencia africana y, qué remedio, Kwame les devuelve la burla.

Pero se avecina un cambio: tú, amigo mío, vas a la escuela secundaria.

UNAS PALABRAS SOBRE EL MITO DEL JEFE TRAIDOR

Lo oirás mil billones de veces de otros afroamericanos como justificación de sus ideas racistas étnicas hacia los africanos diaspóricos: "Yo no ando con los africanos. Nos vendieron".

La idea aquí es que el comercio transatlántico de personas esclavizadas fue asunto de jefes africanos que vendían a su propia gente a los europeos. Es el acto supremo de traición.

Al menos… lo sería si fuera cierto.

La realidad: lo que hoy conocemos como **etnicidad** existía mucho antes de que los europeos inventaran el concepto de **raza** y agruparan a un montón de grupos étnicos diversos en función de su origen y rasgos físicos, como el tono de la piel. Así que, en varios lugares, África incluida, la gente se agrupaba por rasgos comunes superficiales. En otras palabras, el hecho de que los europeos vieran a los "africanos" a través de la lente (totalmente inventada) de la **raza** —y, por tanto, de forma monolítica*— no significa que todos los grupos étnicos africanos de repente hayan dicho: "¡Dios mío, ahora somos un solo pueblo!". Así que, aunque sí, había "africanos" que vendían a otros "africanos", por decirlo en términos monolíticos (y racistas), no era *traición* en el sentido en que nosotros pensamos en ese término, porque los vendedores normalmente

> * Que —spoiler— no solo es racista, sino también la forma en que la raza como concepto empezó a rodar.

no estaban vendiendo miembros de sus propios grupos étnicos. Vendían a miembros de *otros* grupos étnicos.

Piénsalo así: los ciudadanos de los distintos países europeos no son todos leales entre sí ni piensan "¡todos somos un solo pueblo!" solo porque sean originarios del mismo continente. Francia y Alemania, a pesar de compartir frontera, estuvieron en bandos opuestos durante la Segunda Guerra Mundial. De hecho, lo que la gente tiende a recordar más de la Segunda Guerra Mundial es el resultado de la desagradable propaganda sobre un grupo específico: los judíos. Los judíos europeos, para ser exactos. Según el concepto original de raza, eran tan blancos como sus compatriotas —alemanes, italianos, austriacos, soviéticos, etc.— que cometían todo tipo de atrocidades contra ellos.

¿Es repugnantemente bárbaro e inhumano que seres humanos vendan a otros seres humanos? Por supuesto que sí. La cuestión aquí es que una persona del continente africano perteneciente al grupo étnico A que vendió a una persona del continente africano perteneciente al grupo étnico B a un comerciante de personas esclavizadas no consideraba a la persona del grupo étnico B como "su propia gente"; del mismo modo que un francés o un británico no habrían considerado a un alemán o a un italiano como "su propia gente" durante la Segunda Guerra Mundial.

O incluso ahora.

Porque agrupar a todos los habitantes de un continente formado por diferentes naciones en un solo grupo —lo que parece ocurrir con bastante frecuencia en el caso de África— es…

(A ver…).

(Ya caaaaasi…).

Si.

Lo has adivinado: **racista**.

- 10 -

CUERPO

Noveno grado.

No solo te libras de llevar uniforme y de asistir a los servicios religiosos obligatorios en la escuela, sino que abandonas por completo el mundo de la escuela privada para ir a una escuela pública llamada John Bowne en Flushing, Queens, cerca de la autopista de Long Island. Tu vecino haitiano Gil también va allí.

Curiosamente, la zona situada al sur de John Bowne tenía un aspecto totalmente distinto cuando papá era niño. A mediados de la década de 1950, a tu abuela se le permitió mudarse a las Casas Pomonok, que en aquella época eran predominantemente blancas... hasta el punto de que, a lo largo de su escolarización primaria local, papá nunca vio a otro estudiante negro.

En 1996, la mayoría de los blancos se habían marchado a los suburbios de Long Island, como resultado de un fascinante fenómeno (**racista**) conocido como *la huida de los blancos*: la migración a gran escala de los blancos fuera de las zonas que se estaban volviendo más diversas racialmente.

En noveno grado, tanto tu escuela como tu vecindario son diversos y están poblados predominantemente por personas de color. John Bowne es un mar deslumbrante de etnias variadas, la mayoría de las cuales son de raza negra, latina o asiática. Un verdadero país de las maravillas de las culturas.

Pero tú no lo vives así. Porque a medida que tu cuerpo empieza a cambiar (¡viva la pubertad!), te percatas cada vez más, aunque insconscientemente, de que la gente a tu alrededor te tiene miedo.

Tú incluido.

> **Idea racista corporal:** Cualquier noción de que un grupo de cuerpos racializados es más animal y violento que otros.

Aunque los orígenes de las **ideas racistas corporales** no son ningún misterio —sinceramente, este es uno de los casos en los que la noción de **raza** se creó para justificar ideas erróneas sobre las personas que vivían en cuerpos de piel morena y oscura—, sigue siendo una de las manifestaciones más arraigadas y difíciles de destruir de las **ideas racistas**. En 1995, el mismo día de la mundialmente famosa Marcha del Millón de Hombres*, el presidente Bill Clinton pronunció un discurso en la Universidad de Texas que encapsulaba un sabor muy específico del miedo, uno nacido de **ideas racistas corporales**.

"Los negros deben comprender y reconocer las raíces del miedo de los blancos en Estados Unidos", dijo Clinton. "Existe un miedo legítimo a la

NOTAS DE NIC:
* La marcha fue una reunión de cientos de miles de hombres negros en Washington D. C., para promover la unidad de los negros y los valores familiares.

violencia que es demasiado prevalente en nuestras zonas urbanas. Por experiencia, o al menos por lo que la gente ve en las noticias por la noche, la violencia para los blancos tiene con demasiada frecuencia un rostro negro".

Lo sorprendente es que, aunque este miedo parece legítimo y fundamentado en datos (no lo es, pero hablaremos de ello en breve), las ideas de las que procede el miedo preceden a cualquier tipo de prueba. Incluso cuando los negros estaban *esclavizados* —totalmente sometidos a los esclavizadores que los mantenían a raya con todo tipo de violencia—, eran vistos como "criaturas" y "salvajes despiadados". Después de la emancipación, cuando los negros intentaban orientarse y tenían mucho miedo de los blancos y del terror que infundían descontroladamente en los cuerpos negros, el negro —o "pobre africano", según el senador Benjamin Tillman en 1903— era considerado "una bestia salvaje que busca a quién devorar".

Era el epítome de la propaganda **racista**. Y se ha revelado a lo largo de la historia como justificación de linchamientos, segregación, deportación y encarcelamiento masivo.

Por desgracia, estas ideas perduran. Aunque es probable que no escuches el uso de los términos *bestia* o *salvaje* para referirse al cuerpo negro en el siglo XXI (ni siquiera una persona que crea eso quiere el problema que supondría decirlo en voz alta ahora), persisten las nociones de que el cuerpo negro es intrínsecamente violento y de que los negros son "peligrosos".

En noveno grado, hasta tú te las crees. La mayoría de los negros, incluso los que deciden actuar violentamente (lo que no tiene nada que ver con ser negro), son susceptibles a esta idea racista en particular. Son las **ideas racistas corporales** las que hacen que tus padres teman por tu vida cuando paseas por tu propio barrio negro, y las ideas racistas corporales las que te mantienen en alerta máxima y te hacen temer chocar o establecer contacto visual con tus compañeros de clase negros. Las **ideas racistas corporales** son las que hacen que la gente se aferre a sus pertenencias cuando los negros, y especialmente los hombres negros, suben a un ascensor. Las **ideas racistas corporales** son también la causa de muchas muertes trágicas de negros a manos de civiles y de la policía: Trayvon Martin, Tamir Rice, Jordan Davis, Atatiana Jefferson, Elijah McClain, Michael Brown, Breonna Taylor, Freddie Gray, Philando Castile, Ahmaud Arbery, Rayshard Brooks, Ma'Khia Bryant y George Floyd, por nombrar solo algunos (y hay muchos otros).

Y las **ideas racistas sobre el cuerpo** fueron la base del ahora infame mito del superdepredador que se extendió por el país a finales de 1995 y condujo a cambios drásticos en las políticas de castigo a los jóvenes que, a principios de la década de 2020, siguen afectando desproporcionadamente a los adolescentes negros y mestizos, y que a menudo conducen a largos períodos de encarcelamiento que comienzan antes de que algunos niños tengan siquiera la edad suficiente para obtener una licencia de conducir.

¿Importa que la sirena que hizo sonar el politólogo de Princeton John J. Dilulio Jr. fuera una falsa alarma? ¿Que los drásticos aumentos de la violencia cometida por niños en "barrios negros del centro de la ciudad" nunca se produjeron? ¿Que en realidad hubo un *descenso* en el tipo de violencia sobre la que él *advirtió* a todo el mundo?

La verdad es que no. Porque muchas de las cosas que Dilulio y sus eventuales coautores dijeron aún no se han despegado de la psique estadounidense:

"La mayoría de los niños de barrios marginales crecen rodeados de adolescentes y adultos que son a su vez desviados, delincuentes o criminales".

"Una nueva generación de delincuentes callejeros está ya entre nosotros: la generación más joven, numerosa y malvada que cualquier sociedad haya conocido jamás".

"Jóvenes brutalmente impulsivos y despiadados, entre ellos cada vez más preadolescentes que asesinan, agreden, violan, roban, hurtan, trafican con drogas mortales, se unen a bandas armadas y crean desórdenes comunitarios".

Suena horrible, ¿verdad? No importa que el temible enjambre de superdepredadores nunca apareciera. A finales de la década de 1990, la violencia había empezado a disminuir (drásticamente) y los homicidios se encontraban en su tasa más baja desde la década de 1980.

Lo cual... en realidad no importaba. Porque las políticas de "mano dura contra el crimen" nunca se han correlacionado con daños reales. De hecho, la mayor parte del miedo relacionado con la raza —especialmente con los negros, latinos, asiáticos y personas de Oriente Medio— es tremendamente desproporcionado con respecto a la violencia real llevada a cabo por individuos de estos orígenes. El típico blanco patriota que protesta con un rifle de asalto en la mano solo ejerce sus derechos contemplados en la Segunda Enmienda, pero ¿el cuerpo mestizo o negro arrodillado rezando a Alá o el cuerpo negro caminando con una capucha y un paquete de Skittles en la mano o el cuerpo de un asiático oriental dirigiendo su negocio durante una pandemia mundial? Esos cuerpos, dicen, son los verdaderamente amenazadores.

El problema es que, como estas ideas (**racistas**) están tan arraigadas, cuando una persona negra, latina o de Oriente Medio decide actuar violentamente, dicha acción sirve como una forma de **sesgo de confirmación**.

> **Sesgo de confirmación:** Tendencia a interpretar, recordar o buscar información de forma que apoye las cosas que ya crees.

Tuviste una serie de experiencias aterradoras en octavo grado. Como tu participación en lo que llamaremos una *colisión de pandillas*: cuando el grupo (informal) de chicos con el que pasabas el rato se encontró con otra pandilla, y las miradas duras se convirtieron en insultos, en amenazas, y en puños volando de un lado al otro. Te hizo consciente del daño físico que eres capaz de infligir a otra persona y te asustó no solo lo que otros cuerpos negros podrían hacerte, sino lo que los policías podrían hacerle a tu cuerpo negro.

Como estudiante de primer año de secundaria, también tienes frecuentes encuentros con un chico al que todos llaman Pitufo, y su forma de moverse por el mundo encaja a la perfección con el mítico "superdepredador". Como la vez que te apunta con una pistola mientras vuelves del colegio en el autobús público. Más o menos para probar tu temple. Para ver si te acobardas (por cierto, pasas la prueba). Y en otra ocasión, ves cómo Pitufo y su pandilla asaltan a un desprevenido niño sudasiático, le quitan su walkman*

NOTAS DE NIC:
* Un walkman es el dispositivo electrónico que utilizaban los dinosaurios para escuchar música con auriculares; también se le conoce como el bisabuelo del streaming a través de teléfonos inteligentes.

y huyen, dejando a un miembro de la pandilla detrás para ver si alguien ayudaba al tipo.

Pero he aquí la cuestión: incluso en tu barrio, donde estás rodeado de otros cuerpos negros, hay muchos más días en los que nadie te hace daño, te amenaza o te molesta que días en los que alguien lo hace. Y hay más abrazos, bailes y buenos momentos que puñetazos, disparos y muertes prematuras.

Salvo que nadie, incluido tú, piensa las cosas de esa manera. Dado que, estadísticamente hablando, hay más casos registrados de violencia en barrios urbanos de mayoría negra, la mayoría de las personas, sin saberlo, se inclinan hacia **ideas racistas corporales** y relacionan la negritud con la criminalidad. Terminan reforzando el miedo al cuerpo negro.

Lo que se pasa por alto: *urbano* se usa a menudo como eufemismo para no decir "de bajos ingresos". Y si cambiamos la perspectiva un poco y observamos la relación entre las tasas de bajos ingresos/alto desempleo y los niveles de violencia en cualquier área, ya sea de mayoría negra, latina o de otro tipo, hay una correlación bastante alta. Esto también se aplica en los barrios de mayoría blanca.

Lo que esto significa es que, si más personas estuvieran dispuestas a alejarse de su visión basada en **ideas racistas corporales**, podrían ver y admitir que la violencia no tiene nada que ver con la negritud y sí con la pobreza. Los latinos y blancos pobres y desempleados son estadísticamente tan propensos a tomar decisiones que violan la ley como los negros pobres. No porque sean latinos, blancos, negros o pobres, sino por las condiciones en las que viven, donde muchas de las cosas que hacen para sobrevivir están penalizadas.

Las **ideas antirracistas corporales** acaban con la idea (**racista**) de que ciertos cuerpos, especialmente los negros, son peligrosos en virtud de su existencia. Significa no considerar los índices relativamente altos de violencia registrados en los barrios negros de bajos ingresos como una confirmación o prueba de que los negros son innatamente más violentos.

Optar por ser antirracista significa humanizar, desracializar e individualizar tanto el comportamiento violento como el no violento. Sí, Pitufo es negro y hace cosas terribles y dañinas, pero tú y una buena parte de tus compañeros de clase de John Bowne también son negros y no se portan así.

No olvidemos tampoco que la inmensa mayoría de los atentados terroristas domésticos o tiroteos masivos en Estados Unidos los llevan a cabo personas blancas. Y también que la violencia desatada contra las personas negras esclavizadas fue llevada a cabo por personas blancas. Si estos comportamientos pueden ser individualizados, también pueden serlo los de las personas negras.

Y además, las **políticas racistas** puestas en marcha por el **poder racista** son formas de violencia en sí mismas.

- 11 -

GÉNERO

Antes de seguir adelante, esta es la parte en la que yo, la fabulosa narradora de tu viaje (no lineal) por la vida para convertirte en antirracista, he decidido romper la cuarta pared y presentarme de verdad. Porque estos dos próximos capítulos en particular son hiperrelevantes para mi existencia. A pesar de que suena como el apodo de un hermano blanco de fraternidad, yo, Nic Stone, soy una mujer negra *queer* (¡Sorpresa!).

Las lecciones que estás a punto de aprender de una mujer negra *queer*, y antirracista además, validan muchas de mis experiencias moviéndome por el mundo sexista, racista y *queerfóbico* que habitamos. Y el hecho de que tú domines esos descubrimientos me hace la vida un poco más fácil.

Así que vamos a ello.

En primer lugar, una aclaración antes de seguir adelante: lo que consideramos "género" solo existe porque alguien, en algún momento hace mucho, mucho tiempo, decidió que cualquier persona —o cualquier animal, en realidad— podía clasificarse en una de dos categorías dependiendo del aparato reproductor con el que nacieron. Porque, *mayoritariamente,** solo aparecían dos tipos diferentes. Pene y testículos = una categoría ("masculino"). Vagina = otra categoría ("femenina").

Con el tiempo, a medida que se observaban otras características en múltiples miembros de cada categoría, dichas características se añadían a lo que a la gente le venía a la mente cuando pensaba en los términos *masculino* y *femenino*. Todo el mundo estaba de acuerdo, esas ideas se transmitieron y se transmitieron, y ¡bum! Los conceptos se aceptaron y perpetuaron como una "verdad" rotunda...

Pero es una verdad que solo seguirá siendo cierta si la gente decide seguir creyendo que un conjunto de partes reproductoras significa "macho" y el otro significa "hembra".

Afortunadamente, te conviertes en una persona que se aleja de esa creencia tradicional.

Adelantemos. Adelantemos mucho. Como una década más o menos desde tu encuentro/roce con la muerte en un autobús público. Ahora estás estudiando en la Universidad de Temple para obtener un título avanzado en estudios afroamericanos. Allí conoces a dos mujeres negras que más o menos destrozan y luego reconstruyen tu concepción de las mujeres negras y de la feminidad negra, lo que amplía tu comprensión de la forma en que la raza interactúa con otros factores de identidad en la vida de los individuos racializados.

Kaila es alta, de complexión sólida y siempre va maquillada. También se autoproclama feminista y lesbiana, pero lo que más impacta de Kaila es su negativa a encogerse o esconderse. Es sincera. No se autocensura. No se dobla ni se contorsiona en formas antinaturales para cumplir las expectativas, encajar en un molde o evitar ser juzgada o ridiculizada. Es exactamente quien es en todo momento y bajo cualquier circunstancia.

Yaba es la mejor amiga de Kaila, y juntas son una fuerza imparable. Cuando se piensa en la palabra *negro* como concepto cultural y expresivo, Yaba es quien viene a la mente. Una mujer de ascendencia ghanesa —a la que no se le debe hacer la payasada que se le hacía a Kwame en la escuela— con un toque sureño debido a su educación en Nueva Orleans, Yaba es un gran ejemplo de armonía entre africanos y afroamericanos. Conoce y respeta el continente y la diáspora africanos. Yaba es la persona étnicamente más antirracista que jamás haya conocido.

La fuerza combinada de estas dos mujeres que, por la forma en la que se mueven y hablan, rechazan claramente cualquier noción de disminución femenina —que es el acto, proceso o instancia de volverse menos en tamaño o importancia— te hace sentir pequeño e ignorante. Esto se debe, en parte, a que la mera existencia de mujeres como ellas te coge desprevenido... sobre todo porque empiezas la carrera siendo sexista y racista.

Esto no es culpa tuya. Tú, como la mayoría de la gente, yo incluida, tienes una forma de pensar que hace que las ruedas de la opresión sigan girando... Los jóvenes somos producto de nuestro entorno. Porque, como aprenderás, el *statu quo* —la estructura social existente en relación con cuestiones sociales o políticas— es algo muy real. Y, a menos que nos detengamos a examinarlo y a cuestionar sus defectos, sigue adelante, alimentándose de nuestra ignorancia y nuestro silencio.

Esto es especialmente cierto en el caso del sesgo interseccional.

> **Interseccionalidad:** La naturaleza interconectada de las categorizaciones sociales —raza, género, clase, orientación, discapacidad/capacidad, etnia— tal y como se aplican a cualquier individuo o grupo, creando la experiencia de sistemas de opresión superpuestos.

Tomemos, por ejemplo, a una de las mujeres mencionadas anteriormente, Kaila. Como mujer negra *queer*, sufre el triple impacto de la homofobia, el racismo y el sexismo en una miríada de combinaciones y, a menudo, todo a la vez.

Pero volvamos a ti. Cuando conoces a Kaila y a Yaba, aún no te has dado cuenta de los prejuicios que llevas encima como una chaqueta Starter noventera. Lo más aterrador es que nadie tuvo que enseñarte a ser racista o sexista. Porque en el mundo que habitas, esas disposiciones son las predeterminadas; no te educaron para NO ser esas cosas, así que ahí están.

Este es uno de los grandes peligros de no perseguir deliberadamente al antirracismo. Decir o no hacer nada permite que prosperen múltiples sistemas de opresión. Llegas a Temple como un negro racista patriarcal solo porque no te educaron para ser un feminista negro antirracista.

Pero te convertirás en un feminista negro antirracista. Porque Kaila y Yaba te abren los ojos a algo nuevo: el **racismo de género**.

Uhhh, ¿qué?

De acuerdo. Definamos un par de cosas más:

Raza-género: El marcador de identidad único creado al combinar la identidad de raza y género de un individuo o grupo.

> **Ejemplo:**
> Mujer negra, hombres blancos, mujer *trans* latinx, personas asiáticas no binarias.

Idea racista de género: Cualquier noción que sugiera que una raza-género es superior o inferior a otra raza-género en

> **Ejemplo:**
> A diferencia de muchos hombres de su generación, papá rechazaba la idea de que la fuerza masculina estuviera en función de una noción deformada de la debilidad femenina.

cualquier sentido, o justifica políticas que conducen a la desigualdad o la injusticia entre razas y géneros.

Inicialmente, tus nociones de género coinciden con las de mamá y papá. Y sus ideas, aunque a veces poco convencionales, reflejaban en parte sus creencias religiosas (sexistas). Creencias basadas en enseñanzas que tuvieron mucho que ver en el desarrollo de un *statu quo* estadounidense en lo que se refiere al género.

Los fundamentos de este *statu quo*:

- El **sexo** de un individuo está fijado y determinado por sus cromosomas y órganos reproductores: XX = vagina, útero, ovarios = **femenino**; XY = pene, testículos, próstata = **masculino**.

- Los machos son más grandes/fuertes y están destinados a ser dominantes y a dirigir/proteger/proveer.
- Las hembras son más pequeñas/débiles y están destinadas a ser sumisas y a seguir. Y, ya sabes, hacer bebés y criarlos para que encajen en los prototipos antes mencionados.

A lo largo de la historia, cualquier desviación de estos tres puntos ha tenido importantes consecuencias sociales. Así que cuando se combinan estas normas de género con ideas racistas… bueno, las cosas pueden ponerse un poco deprimentes.

Por ejemplo, el caso de las mujeres negras. El racismo crea una jerarquía de las razas, y el sexismo una jerarquía de los sexos. Lo que significa que, en los espacios femeninos integrados, las mujeres negras tienen que enfrentarse al racismo. Y en el lado opuesto, en los espacios negros mixtos, las mujeres negras se enfrentan al sexismo. No me hagas hablar de los espacios mixtos integrados.

NOTAS DE NIC:
A destacar: la raza-género con mayores ingresos medios en Estados Unidos a principios de 2022 eran los hombres asiáticos. ¿Y la más baja? Las mujeres latinas.

Lo mismo ocurre con la mayoría de las mujeres de color: racismo en los espacios femeninos, sexismo en los espacios mixtos uniculturales. Así que en los espacios mixtos integrados, las mujeres de color están sometidas a ambos.

El racismo de género está en el origen de algunas alarmantes desigualdades entre hombres y mujeres:

- Las mujeres negras con estudios universitarios ganan solo 29 dólares más a la semana que las mujeres blancas con título de enseñanza secundaria, y las mujeres negras tienen que obtener un título de posgrado para ganar tanto o más que las mujeres blancas con título de licenciatura.
- Las mujeres negras y nativas sufren la pobreza en mayor medida que cualquier otro grupo racial o de género.
- Las mujeres negras tienen tres veces más probabilidades de morir por causas relacionadas con el embarazo que las blancas.
- Las niñas negras tienen tres veces más probabilidades de ser encarceladas que las blancas.
- La tasa de natalidad entre las adolescentes negras y latinas es más del doble que la de las blancas.

He dejado las dos últimas para el final a propósito. Porque la mayoría de la gente que oye esas estadísticas diría inmediatamente algo parecido a "Bueno, las chicas negras son más 'duras' y, por tanto, más propensas a cometer delitos", o "Las chicas negras y las latinas son más promiscuas". Ninguna de las dos cosas ha demostrado ser cierta. Este es el **racismo de género** en su máxima expresión: ignora los factores externos y basados en legislaciones que contribuyen a las desigualdades de raza y género —como la pobreza, por ejemplo (… y teniendo en cuenta que, en promedio, las mujeres negras y latinas ganan 0.64 y 0.57 dólares respectivamente por cada dólar que ganan los hombres blancos con exactamente las mismas cualificaciones, ¿no es de extrañar que las mujeres negras y latinas experimenten algunas de las tasas de pobreza más altas de este país?)— y arroja la fuente de estas inequidades sobre los hombros de ciertas razas-géneros.

Además de las ideas sexistas, las **ideas racistas de género** también afectan negativamente a las mujeres y niñas blancas. Debido a la combinación de ideas que dicen que (1) las mujeres "reales" son débiles, castas, sumisas y necesitan ser rescatadas por los hombres (ideas sexistas), y (2) ser blanco es ser supremo (idea racista), por lo que se supone que el epítome de la feminidad —y, por tanto, de la idea misma de "ser mujer"— es la débil damisela blanca en apuros. Esto significa que las mujeres blancas fuertes que son dueñas de su cuerpo y económicamente independientes suelen ser consideradas antipáticas, dominantes e incluso "zorras", y con frecuencia se les impide avanzar profesionalmente. (¿Has oído hablar de Hillary Clinton?).

Y en el lado opuesto, además del racismo habitual, las **ideas racistas de género** también afectan negativamente a los hombres negros y a los hombres de color. Las ideas sexistas dicen que los hombres de verdad son fuertes, estoicos y capaces de resistir más que las mujeres; las ideas racistas dicen que los blancos son civilizados y supremos. Si se juntan, se obtiene todo un lío de ideas sexistas racistas. Hombres (fuertes) + negros (violentos e incivilizados) = los hombres negros son peligrosos; hombres (fuertes) + asiáticos (pasivos y sumisos) = los hombres asiáticos son débiles y, por tanto, no son hombres de verdad; hombres (fuertes) + latinos (amorales e hipersexuales) = los hombres latinos son violadores.

Y así sucesivamente.

Pero hay una solución (obviamente, por eso estamos hablando de ello). Cuanto más conozcas a Kaila y Yaba, más verás que encarnan un poderoso principio de la Declaración Colectiva del Río Combahee, escrita en 1977 por Barbara Smith, Demita Frazier y Beverly Smith, un trío de feministas negras antirracistas. No querían que las mujeres negras ni ningún otro grupo de personas fueran consideradas inferiores o superiores a ningún otro grupo. Su creencia antirracista es una a la que te acabarás adhiriendo: "Ser reconocido como humano es suficiente".

ORIENTACIÓN

Además del entendimiento de raza-género que encuentras por primera vez en la escuela de posgrado, Kaila y Yaba —así como un par de nuevos amigos, Weckea y Mónica— también te introducen en otra importante intersección de identidades que necesitas entender en tu búsqueda de ser antirracista: la de la raza-orientación.

Ejemplo:
Kaila es una lesbiana negra.

Raza-orientación: El único marcador de identidad creado al combinar la pertenencia a un grupo racial y la orientación sexual o romántica.

(Importante: las orientaciones-raza pueden ser difíciles de definir porque los términos de orientación, que a menudo se consideran etiquetas, son difíciles de definir. El "punto" de este capítulo quedará claro a medida que sigas leyendo, pero este es un buen momento para señalar que (1) las palabras son limitadas cuando se trata de la plenitud del ser humano, y (2) con esas limitaciones vienen los límites en la capacidad de ponerse de acuerdo sobre las definiciones. OK, seguimos.)

Al principio, abres los ojos cuando otro amigo, al que llamaremos R, te habla de Weckea mientras R y tú almuerzan juntos un día. "Sabes que Weckea es gay, ¿verdad?", te dice, sin que nadie se lo pida.

No lo sabías. Y te sorprende. Y cuando dices que no lo sabías, esa sorpresa se nota en tu voz.

> **NOTAS DE NIC:**
> Outing es cuando alguien revela información privada sobre la identidad de género u orientación de otra persona sin su permiso expreso.

"Bueno, no es para tanto que no te lo haya dicho, ¿verdad?".

No tan rápido. Hagamos una pausa. Porque lo que R acaba de hacer no está nada bien. Y es algo que tú nunca deberías hacer. ¿Es posible que Weckea le dijera que te lo dijera? Sí. Pero supongamos que no lo hizo. En cuyo caso, R ha hecho algo muy mal que podría afectar negativamente tu relación con Weckea. Por un lado, es muy posible que te haga sentir mal que no te lo haya dicho. ¿Y es eso realmente justo? Es asunto suyo compartir o no aspectos de su vida, dependiendo de si se siente o no seguro haciéndolo.

Porque eso es lo otro: también podría afectar negativamente tu relación al cambiar la forma en que ves a Weckea, basándote en prejuicios que quizá ni siquiera te das cuenta de que tienes. Y eso es casi lo que sucede.

("La persona que narra, Nic, regaña a R.").

Porque aunque hemos reconocido que tú, al llegar a Temple, eres racista y sexista, ahora tenemos que reconocer que, de nuevo por defecto, también eres homófobo.

Al igual que la mayoría de las personas nacidas en el siglo XX, tu homofobia está en función de lo que básicamente equivale a una ignorancia absoluta; tus padres rara vez reconocían la existencia de personas no heterosexuales, y mucho menos hablaban en profundidad de los miembros de la comunidad LGBTQIAP+. Si a esto le añadimos la retórica basura sobre la homosexualidad extraída de las traducciones inglesas de la Biblia —retórica sembrada en los cimientos de nuestra gran nación y utilizada con frecuencia para corroborar estereotipos peligrosos y falsos sobre la gente arcoíris (como me gusta llamarnos)—, tiene sentido decir que eres un desastre homofóbico a punto de ocurrir. La mayoría de nosotros lo somos.

De hecho, cuando empiezas a interactuar con Kaila, Yaba, Weckea y Mónica (de quienes hablaremos en breve), en realidad eres más que homófobo. Porque, como ya hemos dicho, el espectro de orientación no se limita a heterosexual u homosexual. Y como la mayoría de la gente, tú incluido, ha sido educada para creer que la heterosexual es la única forma "correcta" de ser, cualquier otra orientación —como la lesbiana, la bisexual y la pansexual— es "incorrecta" por defecto. Lo que significa que no estaría de más utilizar un término más… expansivo que *homófobo*.

Afortunadamente (porque, seamos sinceros, *no heterofóbico* no es lo ideal), hay uno: *queerfóbico*.

La palabra *queer* tiene su propia historia fascinante. De hecho, es un **insulto reivindicado**, pero no vamos a profundizar demasiado en ello ahora. Lo que necesitas saber en este momento de tu viaje es que para cuando llegues a la década de 2020, *queer* será el término general aceptado para "no heterosexual" o "no cisgénero". Un adjetivo para describir a la gente arcoíris.

Y al igual que con el género, un nuevo y grotesco monstruo asoma su doble cabeza en la intersección raza-orientación: las **ideas racistas** *queer*.

Idea racista *queer*: Cualquier noción que sugiera que una orientación sexual-racial es superior o inferior a otra de cualquier forma, o que justifique políticas que conduzcan a la desigualdad o la injusticia entre las orientaciones interseccionales de raza y género.

Abundan los estereotipos *queerfóbicos*, pero la mayoría de los que se te vienen a la cabeza al conocer la orientación de Weckea son específicos de los homosexuales negros. Por ejemplo:

- Los gais negros van por ahí teniendo sexo sin protección todo el tiempo. (Que Weckea no parece ni imprudente ni obsesionado por el sexo es algo que se te viene a la cabeza para contrarrestar esta idea).

- La hipersexualidad y la temeridad de los gais negros son las razones por las que tantos gais negros contraen el VIH. (¿Y acaso no contraen el VIH la mayoría de los gais negros?, piensas).

- Todos los homosexuales negros son visiblemente "afeminados" y fáciles de identificar como homosexuales a primera vista, aunque esa "feminidad" sea inauténtica.

Todos estos mitos se desmontan cuando te das cuenta de que elegir entre tu *queerfobia* (en este caso, la *homofobia*) y tu amistad con Weckea es una obviedad, y te pones manos a la obra para desaprender las tonterías que ni siquiera sabías que habías aprendido. Algunas ideas que ayudan a romper mitos son:

- Los gais negros tienen menos probabilidades de mantener relaciones sexuales sin protección que los gais blancos. También son menos propensos a consumir drogas ilícitas, que aumentan el riesgo de infección por VIH, durante las relaciones sexuales.
- Las desigualdades entre la raza, la orientación y el género en las tasas de seropositividad tienen mucho más que ver con las **políticas racistas** que con el comportamiento "desviado" en las comunidades *queer* de color. (Y la mayoría de los hombres homosexuales negros no contraen el VIH).
- No todos los homosexuales negros (ni todos los homosexuales de cualquier grupo racializado) "actúan como mujeres" y...
- Quienes se mueven y hablan de forma que

NOTAS DE NIC:
Sí, lo sé, lo sé, raza-orientación-género es un trabalenguas, pero no es tan complicado como parece. Observa: hombre gay negro, mujer bisexual latina, persona pansexual blanca no binaria. Raza-orientación-género. ¿Ves? Simple.

se equipara típicamente con la feminidad no están "fingiendo" ni lo hacen de forma poco auténtica.

Esto último te hace clic porque has estado saliendo con la otra amiga que he mencionado: Mónica, una lesbiana negra de Texas con una imagen más "masculina". Mónica y tú hablan de mujeres como esperabas poder hablar con Weckea (y no se te escapa la ironía). De hecho, hablar con Mónica de sus experiencias románticas respectivas es parecido a hablar con los amigos heterosexuales que tenías en la FAMU. Y cuanto más conoces a Mónica, más te das cuenta de que su masculinidad —o al menos lo que tú etiquetarías como masculinidad— no es una actuación. Ella es quien es.

Lo mismo ocurre con Weckea, de quien nunca habrías imaginado que es gay. Y lo mismo vale para los chicos de tu grupo de modelos de la FAMU, de los que suponías que eran gais por su forma de moverse, hablar y mirar.

Al igual que las ideas racistas de género, las ideas racistas *queer* también tienen que ser desarraigadas para que uno sea verdaderamente antirracista. Oponerse al racismo, pero no abordar la *queerfobia* o negarse a hacerlo socava por completo todos los intentos de ser antirracista, porque ignorar las políticas que afectan negativamente a las personas *queer* significa permitir que las desigualdades entre las orientaciones sexuales-raciales y, por tanto, las desigualdades entre grupos raciales se perpetúen. No se puede separar la raza de la orientación sexual ni elegir aceptar una pero no la otra, porque no se pueden separar los marcadores de identidad de los seres humanos individuales en partes definibles y decidir qué partes se conservan y qué partes se desechan. Las personas completas deben ser aceptadas en su totalidad.

Para ser antirracista, todas las vidas negras tienen que importarte, incluidas las *queer*. Hay que acabar con todo el odio hacia los asiáticos, no solo el dirigido a los asiáticos heterosexuales cisgénero. Debemos luchar por los derechos de los hombres latinos homosexuales con la misma rotundidad con la que luchamos por las mujeres latinas heterosexuales.

Y por suerte para ti, Kaila y Yaba te lo dejarán tan claro que nunca lo olvidarás.

UNAS PALABRAS SOBRE MUJERES PATRIARCALES Y PERSONAS *QUEER* QUEERFÓBICAS

Sí. Has leído bien.

Esto es lo que pasa con el *statu quo* y los sistemas de opresión: aparecen como pequeños Gremlins. Dado que las ideas sexistas y *queerfóbicas* (junto con las racistas y capacitistas) funcionan como engranajes que mantienen el *statu quo* girando tan suavemente como la Tierra sobre su eje, todo el mundo es susceptible a ellas. Incluidas las personas a las que esas ideas afectan negativamente.

Ya hemos hablado de esto en relación con el racismo: ¿recuerdas al señor editor del periódico de Tallahassee, que era un racista negro antinegro? Pues bien, como el patriarcado sexista y la *queerfobia* también están profundamente arraigados en el *statu quo* estadounidense, las mujeres y las personas *queer* a menudo pueden suscribir ideas sexistas o *queerfóbicas* sin ni siquiera darse cuenta. TODAS las personas marginadas pueden hacerlo y a veces lo hacen.

Opresión internalizada: Cuando los miembros de un grupo marginado aceptan o reafirman estereotipos negativos contra su propio grupo y llegan a creer o actuar como si el sistema de creencias, los valores y el modo de vida del grupo dominante fueran correctos.

Hay mujeres que creen —subconsciente o abiertamente— que otras mujeres son "maliciosas" o "demasiado emocionales". Ninguna de estas ideas tiene fundamento en datos o en la realidad. Esto contribuye a la noción (falsa) de que los hombres son "más sensatos" y, por tanto, están "más calificados" para ocupar funciones de liderazgo. Así pues, persisten las desigualdades de género en los puestos de liderazgo de alto nivel y las mujeres contribuyen a la discriminación sexista que da lugar a cosas como la brecha salarial de género.

Diversas formas de *queerfobia* interiorizada —por ejemplo, la homofobia, la bifobia y la transfobia— tienen un impacto similar y dan lugar a cosas tan desagradables como la discriminación *queerfóbica* en el trabajo y la perpetuación de mitos que hacen que los cuentos infantiles protagonizados por personajes *queer* estén constantemente en las listas de libros prohibidos... y, por tanto, fuera del alcance de los niños *queer* que necesitan verse representados y ver normalizada su existencia.

La opresión interiorizada también contribuye y puede ser el resultado de uno de los perpetuadores del *statu quo* más retorcidos:

Tokenismo: Forma forzada de diversidad que consiste en incluir, reclutar o contratar a un pequeño número de personas de grupos infrarrepresentados para crear una apariencia superficial de equidad o igualdad.

142

Así que, sí, elegir ser antirracista es bueno para el mundo y honra a los demás seres humanos que lo habitan. Pero si estás marginado de alguna manera —y sin duda lo estás—, comprometerte con el acto antirracista de reconocer y desarraigar todas las formas de opresión interiorizada también es bueno para ti.

- 13 -

CLASE

Muy bien. De vuelta a Temple.

Mejor, rebobina. Te gradúas en el Stonewall Jackson High School de Manassas, Virginia, y luego completas tus estudios universitarios en la Florida A&M University (¡vamos, Rattlers!) de Tallahassee, Florida. Temple significa un traslado a una nueva ciudad: Filadelfia. Y no podrías estar más emocionado.

Eliges un barrio en la parte norte de la ciudad llamado Hunting Park. Y aunque te encanta, la gente te mira de reojo cuando escucha dónde has decidido establecerte, e incluso a tus padres no les hace demasiada gracia.

Oyen lo que a los habitantes de Hunting Park se les ha dicho durante años: este es uno de los barrios más peligrosos de Filadelfia. De bajos ingresos. Con altos índices de violencia interpersonal.

El *gueto*.

Entonces (2005), como ahora, cuando la gente oye esa palabra, evoca un conjunto muy específico de imágenes e ideas. ¿Qué hay a menudo en el centro de estas ideas? Gente negra. Viven en altos edificios de apartamentos subvencionados por el gobierno —los "Proyectos"— o en zonas llenas de casas destartaladas, algunas de las cuales se presumen nexos de tráfico de drogas o actividad de pandillas.

Hace tiempo que se olvidaron los orígenes del gueto. Que, en sí mismos, son bastante inquietantes. Los cristianos de la Venecia de principios del siglo XVI querían que la ciudad fuera solo cristiana. Así que en una especie rarísima de "compromiso", la ciudad empujó a toda su población judía a una pequeña isla en la parte norte de la ciudad conocida como el *Nuevo Gueto*. Se supone que la palabra procedía de *gettare*, que significaba "verter" o "fundir" y probablemente tenía que ver con el hecho de que en esa zona había habido una fundición de cobre antes de que el pueblo judío fuera más o menos exiliado allí.

El tiempo pasó. En ciudades de toda Italia empezaron a surgir más zonas físicamente cerradas —y legalmente obligatorias— exclusivamente judías. Al parecer, el nombre del gueto veneciano tuvo buena acogida: todos los nuevos también se llamaron guetos. Y aunque estas miserables burbujas de destierro acabaron desmantelándose —el último que quedó en pie fue el gueto de Roma, que se disolvió en 1870—, el nombre se mantuvo.

En Estados Unidos se utilizó para designar barrios de grandes ciudades llenos de inmigrantes judíos (como el gueto de Nueva York del Lower East Side) y, con el tiempo, fue retomado por los nazis para delimitar los lugares de segregación forzosa de judíos durante la Segunda Guerra Mundial. Lugares asolados por el hambre y plagados de enfermedades que acabaron siendo escenario de deportaciones masivas a campos de exterminio.

Fue a mediados de la década de 1960, en plena efervescencia del movimiento por los derechos civiles, que las zonas segregadas "urbanas" de ciudades de todo el país saltaron a los titulares, y los "guetos negros" empezaron a eclipsar a los "guetos judíos". Y esto, en parte como resultado de un libro titulado *Dark Ghetto*, del psicólogo afroamericano Kenneth Clark.

La cuestión aquí es que la noción de *gueto* como lugar bastante homogéneo (léase: segregado, legalmente o no) no es nueva. La palabra siempre ha tenido una connotación de "menos que". Siempre ha sugerido que las personas que viven en el gueto son inferiores a las que no lo hacen.

Lo que tú vas descubriendo a medida que te adaptas a vivir en "el gueto" es que lo que todo el mundo parece temer y de lo que todos se burlan está indisolublemente vinculado a la pobreza… y enraizado en el racismo. Surgen así un par de conceptos interseccionales nuevos (al menos para ti): el de **clase racial** y el de **racismo de clase**.

Ejemplo:
Nativos pobres, élites negras, clase media blanca.

Clase racial: Agrupación de personas en la intersección de raza y clase.

Idea racista de clase: Cualquier noción que sugiera que una **clase racial** es superior o inferior a otra en cualquier aspecto, para justificar las disparidades relativas de pobreza y riqueza entre las **clases raciales** provocadas por el **capitalismo racial**.

Vamos a desglosarlo:

Hay clases: elitista, media, pobre. Y hay razas. "Los pobres son vagos" es una afirmación clasista. "Los negros son vagos" es una afirmación racista. "Los negros pobres son los más vagos" es una expresión de una **idea racista de clase**.

Entonces, las nociones de "gente del gueto" como personas pobres, negras, irresponsables, indecentes e incivilizadas, y del "gueto" como un lugar poblado por "gente del gueto", no son más que **ideas racistas de clase** en su máxima expresión.

Y al igual que con todas las demás iteraciones del racismo, cualquiera puede suscribir **ideas racistas de clase**. Lo interesante aquí es que esas ideas pueden ir en múltiples direcciones. En el transcurso de tus estudios de posgrado, serás testigo de cómo las élites negras y las élites de color miran por encima del hombro a los pobres de su propio grupo racial, así como a los de otros grupos raciales, incluidos los blancos; hemos leído sobre "los negratas", pero la "basura blanca" también existe.

Y también como ocurre con todas las demás iteraciones del racismo, las ideas racistas arraigan el problema —y las desigualdades raciales resultantes— en las personas.

> NOTAS DE NIC:
> De acuerdo con la definición de ideas racistas con la que estamos trabajando aquí, cualquier persona —incluidos los blancos— que agrupe a todos los blancos pobres, que atribuya el comportamiento de un individuo blanco pobre a todos los blancos pobres, o que considere a un individuo blanco pobre a través de la lente de las ideas sobre el grupo, está expresando ideas racistas de clase.

Desde 1959, cuando un antropólogo llamado Oscar Lewis completó un estudio etnográfico de las familias mexicanas y bendijo (no) al mundo con el (atrasado) concepto de una "cultura de la pobreza", los elitistas racistas volvieron sus ojos hacia el comportamiento de las personas pobres, especialmente de las personas pobres negras y de color, para explicar por qué parece que no pueden dejar de ser pobres. Observa estas dos citas:

"Las personas con una cultura de la pobreza… son personas marginales que solo conocen sus propios problemas, sus propias condiciones locales, su propio barrio, su propia forma de vida". —Oscar Lewis, 1963.

"Existe esta cultura decadente, sobre todo en los centros urbanos, de hombres que no trabajan, y generaciones enteras de hombres que ni siquiera piensan en trabajar y que no aprenden el valor y la cultura del trabajo". —Congresista Paul Ryan, 2014.

Como es habitual en estos casos, lo que se esconde bajo la alfombra son las **políticas racistas** que crearon esas condiciones de desigualdad en primer lugar. Lo que comenzó como *redlining* en la década de 1930 no se ha detenido nunca.

Curso rápido: el *redlining* era un sistema de políticas gubernamentales y bancarias que se negaban a conceder y asegurar hipotecas en los barrios afroamericanos y sus alrededores. Pero los fondos fueron a parar a las manos de constructores que construían urbanizaciones para blancos… con la condición de que ninguna de esas casas se vendiera a negros, porque supuestamente hundiría el valor de las propiedades.

Y ahora, debido a las políticas racistas, persiste un ciclo de pobreza que dificulta enormemente la salida de esa misma pobreza. Los bajos ingresos y las escasas oportunidades de ganar más se combinan con prácticas económicas injustas, como el aumento del costo de la vida en las zonas más "deseables", lo que dispara los precios de la vivienda. Y esto se suma a cosas como los recortes fiscales para las empresas (léase: gente que ya es rica) y rescates de grandes empresas que benefician a la élite (de nuevo: gente que ya es rica).

Pero lo más sorprendente es que el racismo de clase también fluye en dirección contraria: los negros pobres o de clase media y la gente de color suscriben ideas racistas de clase sobre las élites negras y las élites de color.

De hecho, durante un tiempo, te inclinas por algunas de estas ideas racistas de clase. Es parte de la razón por la que decides vivir en Hunting Park. Basado en ideas que surgieron a finales de los años 50, supones que la "auténtica" negritud implica dificultades. Lucha. Oposición abierta a la asimilación y la respetabilidad. Experiencias que solo pueden encontrarse fuera de la mirada blanca, en el gueto. Según esta **idea racista de clase**, las élites negras son unos vendidos que complacen a los blancos mientras explotan a su propio pueblo para obtener beneficios económicos y la aprobación de los blancos. Eliges Hunting Park porque te has creído la idea de que los negros de élite y de clase media, entre los que te incluyes, están mimados y necesitan que se les recuerde lo que significa realmente ser negro en Estados Unidos.

Ser antirracista es prescindir de la noción de que cualquier intersección de clase y raza es superior a otra, ya sea dentro de un mismo grupo racial o entre grupos raciales. Ser antirracista es ver a todas las personas de todas las clases como intrínsecamente iguales.

NOTAS DE NIC:

Para que conste, la verdad era lo contrario: como los negros estaban dispuestos a pagar MÁS por las casas de esos barrios blancos —como consecuencia de que las opciones de vivienda para los negros eran tan limitadas—, el valor de las propiedades aumentó.

CULTURA

Vale, ahora tenemos que rebobinar otra vez. Porque, aunque sabemos que ese fatídico concurso de discursos a lo MLK tuvo lugar cuando eras un estudiante de último curso de secundaria en Manassas, Virginia, la última vez que te vimos antes de graduarte estabas en Queens, Nueva York, enfrentándote a la vida en un cuerpo que te atemoriza.

Entonces, ¿cómo se pasa de estar en un autobús urbano con un tipo llamado Pitufo que sonríe mientras te apunta con una pistola a estar en un púlpito, remezclando el sueño del doctor King? Volvamos a la escuela John Bowne, en 1996.

No estás seguro de cómo —quizás sea la dificultad que tienes para separar al agente de policía que te acosa del profesor que te acosa, o quizás sea tu creciente conciencia del desdén de los educadores que le temen a tu joven cuerpo negro y lo consideran más apropiado para la cárcel que para su institución educativa—, pero en algún momento, durante los primeros meses del primer año, tu indiferencia hacia la escuela se transforma en odio absoluto. Puede que se deba a la pubertad, que te hace más consciente de tu cuerpo, y al miedo que el mundo parece tenerle, como demuestra la forma en que te acosa la policía y el modo en que los profesores parecen haber decidido preventivamente que no eres nada bueno. Podría ser tu nuevo entorno y la naturaleza agotadora de esa vigilancia constante cuando se trata de los cuerpos que te rodean.

Lo que tienes claro es que no puedes fallar en ninguna clase si quieres permanecer en el equipo de baloncesto. Tienes que sacar dos C y tres D para poder coger el balón. Así que... eso es lo que haces.

Dos C.

Tres D.

Lo que te encanta, sin embargo (aparte del baloncesto, claro), es la "Ave". Llamada así por la intersección de Jamaica Avenue y 164th Street, la zona conocida como la "Ave" abarca un par de docenas de manzanas y es un distrito comercial constantemente repleto de adolescentes como tú que vienen a ver y ser vistos.

Hay trajes y zapatillas que admirar o criticar. Música a todo volumen. Poetas en ciernes que eligen el hip hop como medio de expresión. Es el país de las maravillas culturales. Todo esto tiene sentido para ti. La Ave es un lugar al que sientes que perteneces. Tu meca personal. Y te subes a un taxi para recorrer las treinta y seis manzanas que separan tu casa de la avenida siempre que papá y mamá te lo permiten.

¿Por qué?

Cultura: La suma total de las formas de vida, incluidas las creencias compartidas, las costumbres y las formas de arte, creadas y recreadas por un grupo de personas y transmitidas de una generación a otra.

La Ave es más acogedora que la escuela; incluso parece tu casa, porque todo lo que encuentras allí tiene sentido para ti. La comida, la ropa, la música, el idioma, los modales. Es para ti el epítome de la cultura afroamericana. Tu cultura.

Por desgracia, no todo el mundo aprecia la cultura afroamericana como tú lo haces. De hecho, muchas personas —algunas de ellas negras— ven la cultura que tanto te gusta como inferior y derivada de la cultura "dominante". Observa:

- Idioma. La forma en que tú y tus amigos de la Ave hablan —sobre todo entre ustedes— se considera inglés "roto", "impropio" o "no estándar". De hecho, en la mayoría de los lugares, las lenguas creadas por los africanos esclavizados en las colonias europeas eran (y son) tratadas de esta manera. El *ebonic*s afroamericano (o inglés vernáculo afroamericano [AAVE], según a quién se pregunte), el patuá jamaicano, el criollo haitiano, el calunga brasileño… todas estas lenguas africanas —ya saben, porque fueron creadas por africanos y han sido mantenidas por sus descendientes— han sido consideradas "incorrectas" por el **poder racista**.

- Estilo. En la Ave —y en tu propio cuerpo— las camisetas deportivas son demasiado grandes, y los vaqueros se llevan holgados y ligeramente caídos. De los cuellos cuelgan cadenas de oro cubiertas de piedras preciosas brillantes, ya sean diamantes o circonitas cúbicas. Y todo ello se asocia la cultura de la cárcel. Por no hablar de las muchas mujeres de tu edad que eligen llevar ropa corta, ajustada o que deja al descubierto las partes del cuerpo de las que quieren presumir. Por eso se les llama "precoces" y se les sexualiza como a las mujeres adultas.

- Música. Con mucho bajo, expresa todo tipo de sentimientos, desde la frustración con la policía hasta el deseo de intimidad física. La poesía literal* del hip hop y el R&B constituye la banda sonora de tus movimientos por el mundo. Una banda sonora muy denostada por el **poder racista**.

Te encuentras con la cultura afroamericana en la Ave y en las expresiones de fe —cuerpos que se mecen, manos que se agitan, pecadores y santos que gritan y se ponen en pie— en tu iglesia. La adoptas en tu forma de peinarte y en los alimentos que eliges. El lenguaje que utilizas. La forma en que saludas a las personas que se parecen a ti. Tu manera de interactuar con tus mayores.

Y es muy probable que tu malestar y odio hacia la escuela tenga sus raíces en el mensaje muy claro que recibes allí: tu cultura no solo es errónea, sino que merece poco más que la crítica constante y el desprecio.

* Sí, literal. Piénsalo. La definición ampliamente aceptada de poesía es algo parecido a una composición rítmica, escrita o hablada, diseñada para engendrar emoción a través de la expresión de sentimientos o ideas. Lo que significaría que la inmensa mayoría de la música con letra —hip hop y R&B incluidos— es poesía literal.

Como ya sabrán, las ideas sobre lo que constituye la "civilización" son la base de las ideas racistas, tanto históricas como modernas. Estas nociones de lo que es y no es "civilizado" se utilizan para crear una jerarquía cultural, con las culturas (vagamente) basadas en Europa en la cima, a la espera de ser admiradas —Asimilación 101— y las culturas de todos los demás... por debajo.

Y esa es una idea racista cultural.

> **Idea racista cultural:** Cualquier noción que cree una norma cultural e imponga una jerarquía cultural entre grupos raciales.

Vamos a derrumbar algunos de los mitos racistas sobre la cultura afroamericana mencionados anteriormente. Esta desmitificación puede aplicarse a todas las iteraciones de ideas racistas culturales.

- El idioma. No existe un inglés "correcto". La lengua es una creación humana concebida para facilitar la comunicación y la transmisión de significados, y cambia constantemente. Dicho de otro modo: nosotros somos los dueños de la lengua, no al revés. Nosotros determinamos cómo se utiliza la lengua y qué forma adopta en nuestra vida cotidiana, y es totalmente normal que esos usos y formas varíen según dónde estemos, con quién hablemos, de qué hablemos y en qué formato (¿Hablado? ¿Escrito? ¿Comunicado con las manos como en el lenguaje de signos?). Y lo mejor: si la persona con la que te comunicas entiende lo que estás expresando, te has comunicado eficazmente. Y punto.

- Estilo. No hay manera "inferior" o "incorrecta" o "universalmente correcta" o "moral" de vestir. Al igual que el lenguaje, la moda es una creación humana utilizada para la autoexpresión y la transmisión intercultural de significados.

  > **Ejemplo:**
  > El hiyab, pañuelo que llevan muchas mujeres musulmanas, o el dastar, turbante de los hombres sijs.

- La música. Igual que las dos anteriores: es una creación humana. No hay "bien" ni "mal". Hay preferencias personales, por supuesto: tú prefieres el hip hop al *death metal*. Pero toda la música le gusta a alguien. Y eso es lo que importa.

No hay una expresión "incorrecta" de la fe ni una forma "estándar" de interactuar con otros miembros de tu grupo cultural. Ninguna cultura es mejor o más civilizada que otra. Y, por tanto, no hay necesidad de asimilarse a un ideal cultural imaginario "correcto".

Lo que ya sabes cuando ves la forma en que los blancos te miran mientras te mueves por los pasillos de la escuela John Bowne de Queens, Nueva York...

¿Pero una vez que te mueves al sur, a Manassas, Virginia?

Podemos decir que tus propias **ideas racistas culturales** burbujean hasta la superficie.

Manassas es dura para ti al principio. Tus padres, bajo la influencia de tu tía Rena, trasladan a la familia a una casa en un barrio blanco de las afueras. Y adivina: con tu ropa holgada, tus Air Force 1 o Timbs (limpios), tu pavoneo y tu acento nada sureño, no encajas.

La escuela Stonewall Jackson no es como la John Bowne. Pero a pesar de parecer dos planetas diferentes, tienen algo en común: un equipo de baloncesto.

Uno al que, al principio, no logras entrar.

("Insertar emojis de corazón roto y cara llorando". Anacrónico, pero apropiado en este caso).

Literalmente lloras con tu papá por ello.

Pero, como reconocerás más adelante, no se trata solo de que no seas lo bastante bueno para entrar en el equipo. Eres lo suficientemente bueno. No olvidemos que estás calentando para un partido universitario de Stonewall Jackson cuando papá irrumpe en la cancha, agitando en el aire tu carta de aceptación de la Universidad de Hampton.

Entonces, ¿qué pasa?

Pues bien, desde el momento en que se cruza la frontera del estado de Virginia, se tiene la nariz en el aire en lo que se refiere a la estimación de la cultura afroamericana sureña no urbana.

No puedes soportar la forma de hablar de estos negros sureños. O cómo se visten. Su jerga es cursi, y su música está mal. Y estas **ideas racistas culturales** tuyas se trasladaron directamente a la cancha de baloncesto. Porque, basándote en parte en tu desdén por las iteraciones de la cultura afroamericana que te rodeaban en Virginia (o la cultura racializada del sur, según se mire), asumiste que los otros chicos que estaban probando eran basura, y les restaste importancia. Rebosabas arrogancia.

Pero vas a aprender.

Por ahora, te dejamos con una cita para inspirarte y una definición a la que aspirar:

"Todas las culturas deben ser juzgadas en relación con su propia historia, y todos los individuos y grupos en relación con su historia cultural, y definitivamente no por el rasero arbitrario de una sola cultura". —Ashley Montagu.

Idea cultural antirracista: Cualquier noción que rechace las normas culturales e iguale las diferencias culturales entre grupos raciales.

UNA NOTA SOBRE LA APROPIACIÓN CULTURAL

Sí, definitivamente es una frase compleja.

Y cuando el concepto pasa a primer plano de la conciencia social a mediados de la década de 2010, impulsado en gran medida por estrellas del pop y celebridades blancas que llevan peinados con implicaciones históricas muy específicas, mucha gente dirá que en realidad no existe.

¿Y qué pasa si una estrella blanca del pop decide lucir en una escena del video unos pendientes gigantes de bambú dorado, un collar de cadena de oro y unos calzoncillos piratas —elementos de la cultura Fly Girl de finales de los ochenta y principios de los noventa, popularizada en gran parte por el dúo femenino de hip hop Salt-N-Pepa— y en otra escena (del mismo video) se pavonea con un radiocasete al hombro, vestida con un atuendo que recuerda mucho a la cultura B-boy, nacida de los bailarines negros y latinos contrarios al *statu quo* en el Nueva York de los setenta?

Es solo ropa, ¿verdad?

¿Y qué si otra estrella blanca del pop aparece en su video con el pelo liso y castaño recogido en trenzas? Es solo pelo. ¿Y qué pasaría si esa misma estrella del pop se vistiera de *geisha* en otro video? No pasa nada.

¿Y si algunos amantes blancos de la música se ponen tocados sagrados al estilo de los nativos americanos en los festivales de música y los lucen en los desfiles de lencería? ¿Y si otros artistas blancos llevan bindis e incorporan el bhangra a sus actuaciones en directo?

¿Cuál es el problema?

Tiene mucho que ver con el poder, el respeto y la atribución.

Apropiación cultural: El acto de representar o mercantilizar los marcadores de identidad cultural, incluidos el lenguaje, las tradiciones y el estilo, de comunidades de color de forma estereotipada, irrespetuosa o inauténtica.

¿Tomar prestados elementos de culturas ajenas es siempre malo? Por supuesto que no. ¿Se complican un poco las cosas cuando los elementos culturales prestados se convierten en fuentes de beneficios para los blancos? Por supuesto que sí. Pero lo que más suele molestar a la gente de color es que se trata de una vía de sentido único: solo los miembros de la cultura dominante pueden elegir qué elementos quieren "tomar prestados" de las culturas marginadas y qué elementos culturales serán una fuente de marginación continua. La misma persona que decide llevar trenzas como las tuyas podría sentirse amenazada y sacar una pistola si te ve con una sudadera con capucha.

A fin de cuentas, lo más importante es reflexionar sobre lo siguiente: ser antirracista implica disfrutar y apreciar respetuosamente las culturas de otros grupos racializados, pero esa apreciación debe abarcar la totalidad de las culturas para ser verdaderamente antirracista. Decidir apreciar algunos aspectos de la cultura de otro grupo mientras se rechazan o denuncian otros aspectos es erróneo.

Porque, en realidad, ¿se puede uno llamar verdaderamente antirracista y a la vez estar de acuerdo con "apreciar" y "disfrutar" de los elementos de las culturas de otras personas que se consideran simpáticos y al mismo tiempo rechazar a las personas de las que proceden esos elementos "simpáticos"?

Ser capaz de "usar" la cultura de otra persona es una cosa. ¿Ser capaz de empatizar con las personas que crearon esa cultura? Eso es algo totalmente distinto.

- 15 -

ESPACIO

Y no, no estamos hablando del espacio exterior (aunque sería genial que lugares como el Imperio Intergaláctico de Wakanda existieran de verdad). Como estudiante de la Universidad de Temple, llegarás a disfrutar, apreciar y comprender la importancia de un tipo diferente de espacio. Uno que es etiquetado como resultado de ser considerado distinto a la norma.

El espacio negro.

Creces en espacios negros. Son espacios gobernados por personas negras, pensamientos negros, culturas negras, historias y tradiciones negras, o espacios habitados principalmente por personas negras. Desde el jardín de infancia hasta la licenciatura en la Universidad A&M de Florida, se aprende en espacios negros.

Pero es durante tu estancia en Temple —un espacio blanco donde te encuentras en el microcosmos negro de tu programa de estudios afroamericanos— cuando absorbes el *ethos*, el movimiento y la comprensión de los espacios racializados hasta el punto de ser capaz de definirlos, diseccionarlos y discutirlos.

Te sientes más a gusto en espacios negros, que son mayoritariamente negros y están gobernados por personas, ideas, tradiciones, etc., negras. Y no te sientes como en casa en los espacios de mayoría blanca que se rigen por versiones eurocéntricas de las mismas cosas.

Pero hay una tercera área espinosa que pone de relieve cómo funciona el **racismo espacial**. ¿Recuerdas aquella queja que tuviste con aquella profesora de cuyo nombre no te acuerdas porque favorecía claramente a los tres alumnos blancos en tu clase de tercer grado, predominantemente negra? ¿O la escuela por la que paseabas con tus padres y en cuyas fotos de clase aparecían todos los rostros negros excepto el del profesor? ¿O cómo en la John Bowne siempre te sentías acechado por algo intangible pero insidioso, aunque estaba llena hasta los topes de niños con distintos tonos de piel?

Es porque esos espacios, aunque llenos de cuerpos negros (y a veces mestizos), no estaban gobernados por personas negras, pensamientos negros, culturas negras, historias o tradiciones negras. De hecho, los principios rectores de todos los espacios educativos a los que asististe antes de licenciarte estaban regidos por la blancura: pensamientos blancos, ideas blancas de lo que constituye el bien y el mal, historias blancas, tradiciones blancas, profesores y administradores blancos. Así que en estos espacios de apariencia negra, se esperaba de ti y de todos los que te rodeaban que cumplieran las normas del espacio blanco.

Excepto que entonces, como ahora, la gente es reacia a llamar a la fuente de estas normas "espacios blancos". Porque desde que existe el **racismo**, los espacios blancos se han considerado no solo superiores sino universales: la norma de cómo deben funcionar todos los espacios.

Este es el quid de las **ideas racistas espaciales**.

Idea racista espacial: Cualquier noción que sugiera que un espacio racializado es superior o inferior a otro espacio racializado de alguna manera, o que justifique políticas que conduzcan a la injusticia o a la desigualdad de recursos entre espacios racializados o a la eliminación de ciertos espacios racializados.

El programa de doctorado en Estudios Afroamericanos del que tú formas parte en Temple fue fundado en 1987 por Molefi Kete Asante. Lo creó como un espacio en el que los estudiantes negros como tú pudieran moverse y aprender fuera de los confines condicionados de la estandarización eurocéntrica. Asante y su mano derecha, la profesora Ama Mazama, son el epítome del antiasimilacionismo. "El rechazo del particularismo europeo como universal es la primera etapa de nuestra próxima lucha intelectual", escribió Asante.

Y realmente es un asunto complejo, el particularismo europeo. Uno que ha convencido a personas de todo el mundo de que blanco es sinónimo de incoloro.

Pero no lo es. Incluso en un sentido científico, el blanco no es la "ausencia de color", como tampoco lo sería el negro. El blanco es un color. Y en un mundo racista, las experiencias de todos se ven afectadas por su raza, incluidos los blancos. Al darte cuenta de esto, adoptas una de las ideas centrales de Asante (que te enseñó Mazama): La objetividad, la noción de estar basada en

> NOTAS DE NIC:
> En otras palabras, la "manera europea" no debería ser la norma para hacer las cosas bien.

hechos y no influenciada por sentimientos, interpretaciones o prejuicios personales, es simplemente subjetividad colectiva (a gran escala), que consiste en que un número suficiente de personas estén de acuerdo en algo para que sea "normal" y, por tanto, aparentemente universal y susceptible de ser estandarizado.

La subjetividad colectiva es la fuente del **poder racista**. Un número suficiente de descendientes de europeos estaban de acuerdo en que su modo de vida era el correcto (y el único) y consideraban que cualquier otro modo de vida no solo era inferior, sino subhumano. Para imponer esta idea, algunos de ellos esclavizaron a individuos de orígenes culturales y étnicos que no cumplían la norma, y luego difundieron la idea de la inferioridad de esos grupos… lo que, por defecto, reforzó aún más la idea de la superioridad europea, y de la cultura/tradiciones/pensamientos/ideas europeas como el ideal al que todos deberían aspirar.

Lo que significa que cuando los espacios no se rigen por esta supuesta norma universal, especialmente aquí en estos Estados Unidos, dichos espacios se consideran sospechosos (o incluso "desviados", según con quién se hable). A veces, incluso para las personas que los habitan. Barrios negros enteros son estigmatizados como lugares de violencia, peligro y muerte porque están llenos de gente negra, pero la mayoría de los responsables de ataques masivos con armas de fuego salen de barrios blancos, que son vistos como "seguros" simplemente porque están llenos de gente blanca. Se elevan los espacios blancos y se denigran los espacios no blancos.

Esto se observa desde múltiples direcciones:

- Ver lo duro que trabaja el personal de seguridad de la Universidad de Temple para mantener el campus —un espacio blanco formado por un conjunto de edificios— "seguro" dentro de su "peligroso" barrio del norte de Filadelfia, un espacio negro de bajos ingresos.

- Sentir la ira de los estudiantes y profesores blancos de Temple que llevan como un viejo abrigo su desdén por el espacio negro que es tu departamento de Estudios Afroamericanos.

- Escuchar no solo a la gente del campus, sino incluso a mamá y papá expresar su "preocupación" por tu decisión de vivir en el espacio negro que es Hunting Park.

- Nashay, la única persona de tu departamento de Estudios Afroamericanos, que solo tenía palabras de odio para referirse al espacio negro HBCU* del que se graduó.

* HBCU son las siglas de Historically Black Colleges and Universities, Universidades e Institutos Históricamente Negros.

La perspectiva de Nashay sobre su espacio negro HBCU te afecta. Y no porque seas un rey siempre benévolo en la gloriosa tierra del antirracismo y en este momento ves todos los espacios racializados como iguales y legítimos. Es porque Nashay fue a la misma universidad que tú: Florida A&M University.

Se queja de la supuesta incompetencia del profesorado y la administración de la FAMU. Esto se basa en el error de un solo individuo en una sola oficina de todo el campus, lo que sugiere que su conclusión de que la universidad era incompetente ya estaba allí en su mente en alguna parte, y este único error sirvió como confirmación sesgada de una cosa que ya creía.

Pero es la baja opinión de Nashay sobre la FAMU lo que pone de relieve las **ideas racistas espaciales** que se esconden en tu propio pensamiento. No solo has oído antes lo que ella decía, sino que tú mismo has dicho esa clase de cosas. Tú también te quejabas de la administración de los HBCU y pensabas que las personas que dirigían estas instituciones eran incompetentes. Oíste a los estudiantes negros y a profesores de las universidades históricamente blancas (HWCU*) referirse a las HBCU como "guetos" y decir que jamás irían a una de esas. Oíste a estudiantes de tu propia HBCU —como Nashay— quejarse de lo mal gestionada que estaba la universidad y amenazar con marcharse a escuelas blancas.

Y sigues escuchando gente, negra o blanca, decir que las HBCU y los espacios negros en su conjunto no representan "el mundo real" y, por tanto, no preparan a los estudiantes para la "vida real". La idea, que es relativamente sencilla y discreta,

* W de White (blanco), obviamente. Las universidades históricamente blancas de Estados Unidos se fundaron específicamente para estudiantes blancos. Como referencia, siete de las ocho universidades de la Ivy League se fundaron entre 1636 y 1769, y Dartmouth fue la primera en admitir a un estudiante negro en 1824. El primer afroamericano del que se tiene constancia que asistiera a un colegio o universidad estadounidense fue John Chavis, en 1779. No se graduó.

parece bastante lógica: los estudiantes negros y los estudiantes de color están mejor atendidos por las instituciones de enseñanza superior de mayoría blanca porque les prepararán mejor para desenvolverse en un mundo de mayoría blanca.

Pero ¿cuál es el problema de fondo? Esta idea aparentemente "lógica" confunde el "mundo real" con una cosmovisión blanca y eurocéntrica. En otras palabras, plantea que el único mundo legítimo es el gobernado por las ideas blancas, los pensamientos blancos, las historias blancas, las tradiciones y la gente blancas. Un mundo en el que la asimilación es la única opción viable porque las normas blancas se consideran últimas y supremas.

Esta **idea racista del espacio** —de nuevo: los espacios blancos como superiores a todos los demás espacios— justifica las flagrantes desigualdades raciales a lo largo de la historia estadounidense. La decisión del Tribunal Supremo en el caso Brown contra el Consejo de Educación prohibió la segregación en las escuelas públicas, lo que obligó a los espacios educativos blancos (superiores) a abrir sus puertas a los niños negros, que se vieron así "liberados" de los "guetos oscuros" que eran los espacios educativos negros, donde se decía que los niños tenían un bajo rendimiento o desertaban antes de llegar a la escuela secundaria.

Hoy en día, los traslados permisivos y los programas de desegregación en autobús alejan a los estudiantes negros y latinos de las "malas escuelas" de sus barrios "gueto" y los depositan en distritos escolares blancos de "alto rendimiento". Increíbles profesores negros llevan su talento a escuelas blancas, donde la paga es mejor y los alumnos "se portan mejor".

Cuando se dictó la sentencia de que las escuelas segregadas eran inconstitucionales, el presidente del Tribunal Supremo,

Earl Warren, escribió que la "segregación de niños blancos y de color en las escuelas públicas tiene un efecto perjudicial para los niños de color" y que "tiende a [retrasar] el desarrollo educativo y mental de los niños negros". El hecho de que la solución colectiva a este problema fuera permitir la entrada de niños negros en espacios blancos envía un mensaje bastante poderoso:

Los espacios blancos son los únicos lugares en los que los niños negros pueden realmente crecer y desarrollarse.

Lo que se te ocurrirá mientras te abres camino en la escuela de posgrado: los espacios negros no son intrínsecamente inferiores. Los profesores negros no están menos cualificados para moldear mentes que los profesores blancos, y los estudiantes negros no son intrínsecamente menos inteligentes que los blancos. Los edificios de las escuelas públicas de mayoría negra o latina no necesitan reparaciones porque estén llenos de niños negros o latinos "revoltosos". La verdadera razón de la desigualdad entre las escuelas blancas y las escuelas de color, al igual que muchas otras desigualdades raciales, se reduce a la distribución desigual de los recursos, un resultado directo de las **ideas racistas espaciales**.

¿Qué acción antirracista debemos tomar? Pues bien, comienza reconociendo que las diferencias en los espacios racializados tienen menos que ver con las razas de las personas que los habitan y más con la persistente desigualdad racial —resultante de **políticas racistas**— en todos los ámbitos, desde los

NOTAS DE NIC:
Para que conste: no había nada malo en las escuelas para negros. La idea de que eran inferiores... era una idea racista.

recursos educativos hasta el acceso al empleo y las tasas de encarcelamiento.

Entonces es vital reconocer todos los espacios racializados como legítimos e inherentemente iguales en sus diferencias. Porque el mundo real no es blanco. Es tan variado como las culturas, tradiciones, etnias y tonos de piel que lo convierten en un lugar en el que merece la pena vivir.

Tercera parte

AL REVÉS: CAMBIAR EL MUNDO

Todas las formas de racismo son manifiestas si nuestros ojos antirracistas están abiertos para ver la política racista en la desigualdad racial.

—DR. IBRAM X. KENDI, *Cómo ser antirracista*

16

FRACASO —> ÉXITO

Bien.

Has repasado tu interior, analizando cómo te han condicionado a pensar sobre el mundo y la gente que hay en él, incluido tú mismo. También te has vuelto hacia fuera y has empezado a examinar todas las formas en las que se manifiesta el racismo, a menudo enredado con otras formas de opresión. Ahora eres consciente del duelo de conciencias y de cómo confunde las cosas, así como de las diferencias entre las ideas antirracistas y las ideas segregacionistas y asimilacionistas, ambas racistas porque consideran la blancura como la norma "correcta" y suprema.

Has iniciado el proceso de mentalizarte y estás saltando sobre las puntas de tus pies, listo para subir al *ring* y golpear al racismo con un uno-dos.

¿Y ahora qué?

Bueno, como descubrirás en 2007, hacer las cosas no es fácil. De hecho, estás a punto de fracasar estrepitosamente.

Antecedentes: En septiembre de 2006, un estudiante negro de una escuela de Jena (Luisiana) preguntó si podía sentarse bajo un árbol. El "árbol blanco", como llegó a conocerse en los medios de comunicación. Al día siguiente, los alumnos llegaron a la escuela y se encontraron con que habían colgado tres horcas en dicho árbol. No importaba si se trataba de una broma o de una advertencia: era racista.

Los autores de la "broma" fueron suspendidos.

Adelantemos hasta diciembre de ese mismo año. Seis estudiantes negros, entre ellos una estrella del fútbol, apalean a un chico blanco. Los seis fueron detenidos y acusados de intento de asesinato y conspiración para cometer asesinato.

Un cargo que conllevaba una pena de hasta cien años de prisión, que es lo que el fiscal del distrito dijo que intentaría conseguir.

En septiembre de 2007, estás sentado a la mesa de un profesor de la Universidad de Temple, preparándote para comenzar la reunión de la Unión de Estudiantes Negros (BSU), durante la cual tienes la intención de compartir los planes de una campaña que esperas ayude a liberar a los seis chicos negros —apodados los Seis de Jena— en Luisiana.

A estas alturas, un jurado compuesto exclusivamente por blancos ya ha declarado a Mychal Bell, la estrella del fútbol americano, culpable de agresión con agravantes. Una condena que podría conllevar hasta veintidós años de prisión.

Pero incluso eso es demasiado. En todo el país, los negros están indignados por lo que parecen ser cargos excesivos impuestos a estos seis chicos por un sistema judicial racista en lo que es claramente un lugar racista (¿recuerdas las sogas?). Tú también estás furioso. Así que empiezas la reunión explicando la Campaña 106 para Liberar a los Seis de Jena: (1) movilizar al menos a 106 estudiantes en cada uno de los 106 campus —un mínimo de 11,236 estudiantes en total— para que se manifiesten localmente con el fin de recaudar dinero para el fondo de defensa legal de los Seis de Jena, y (2) reunir a esos miles de estudiantes en caravanas de coches que convergerían en Washington D. C. el 5 de octubre de 2007. Los coches aparcarían y los estudiantes marcharían juntos hasta el Departamento de Justicia, donde presentarían sus seis demandas de libertad.

Y no resulta. Los oficiales de BSU votan que no, y optan por una marcha más pequeña y local en su lugar. Y para ti, esto es señal de que tus compañeros de la BSU ignoran el racismo y cómo funciona. Que es algo que tú te rehúsas a aceptar. Puede que tus compañeros sean unos fracasados, pero tú desde luego no lo eres.

Excepto... que sí lo eres. Al igual que muchos que eligen ser antirracistas, pero luego se ponen los guantes y se suben al *ring* equivocado. Porque incluso con todo el autointerrogatorio y desarraigo y reaprendizaje que has hecho hasta ahora, tú, como muchos que vinieron antes que tú y muchos que vendrán después, has estado basándote en información errónea sobre tu oponente.

Por ejemplo, aunque la **raza**, como el matrimonio, la religión y la familia, sean una construcción social en el sentido de que existe porque la gente está de acuerdo en que lo es, también es un constructo de **poder**. Quienes lo crearon lo hicieron para darse poder, y quienes lo defienden lo hacen para conservar el poder, lo que significa que no se puede cambiar o eliminar cambiando la mentalidad de la gente de a pie.

Otra cosa: la historia no es, y nunca ha sido, una marcha en línea recta de progreso hacia adelante; siempre ha sido más bien una batalla zigzagueante de ida y vuelta entre el progreso antirracista (por ejemplo, la aplicación de políticas de Acción Afirmativa) y el progreso racista (por ejemplo, la imposición de leyes de registro de votantes altamente restrictivas que limitan desproporcionadamente a los votantes de color, en particular a los votantes negros).

Y otra que es muy difícil de entender: el problema **racial** no tiene sus raíces en la ignorancia y el odio. Está arraigado, como un árbol, en poderosos intereses personales: la gente que se beneficia de él lo mantiene para seguir beneficiándose.

El problema de tu planteamiento inicial sobre los Seis de Jena es que se centra en señalar y gritar sobre el enorme árbol del racismo: "¡Mira!", prácticamente estás gritando. "¡Mira esta monstruosidad! Hay que derribarlo", con el fin de conseguir que otros se unan a ti para dar puñetazos y patadas a su gigantesco e inflexible tronco.

Años más tarde, conocerás a una reina llamada Sadiqa. Y llegará una noche en la que Sadiqa y tú tengan una cita en un restaurante que tiene una enorme estatua dorada de Buda en su interior. Y vas a ver a un tipo blanco borracho acercarse a la estatua y profanarla con un gesto inapropiado, más o menos montando un espectáculo muy gracioso para sus amigos blancos muy borrachos.

Tú lo ignorarás. Pero Sadiqa no. Y la conversación que se producirá entre esta reina y tú pondrá de relieve cómo es estar en el *ring* de boxeo equivocado:

— Al menos no es negro —dice Sadiqa.

—¿Cómo te sentirías si fuera negro? —le preguntas (y también a ti mismo).

— Me sentiría muy avergonzada —dice ella… respondiendo también por ti—. Porque no necesitamos que nadie nos haga quedar mal.

—¿Delante de los blancos? —(Aunque ya sabes la respuesta).

—Sí —responde Sadiqa—. Hace que nos menosprecien. **Los hace incluso más racistas**.

Y ahí radica la falsedad más insidiosa sobre el Gran Oponente: que la gente como tú, que se encuentra en el extremo más bajo de la desigualdad y trata de vencer a la bestia que crea la injusticia (el **racismo**, por si no ha quedado claro), debe hacerlo comportándose de la mejor manera posible.

Comparte tus experiencias y di lo que piensas y cómo te sientes… pero utilizando una retórica que no ofenda ni "aleje" a los blancos. Haz tus pancartas y reúne a tus amigos para marchar o lo que sea, pero no seas demasiado disruptivo… por ejemplo, no invadas ninguna vía libre ni hagas nada ilegal. Publica tus mensajes en las redes sociales, pero no digas nada que pueda hacer que te miren raro en el colegio. Con esta táctica (que es otra manifestación de la conciencia en duelo), FALLARÁS siempre.

¿Lo peor de todo esto? Con el tiempo, esos fracasos se suman, y muchos de los que han elegido ser antirracistas, tú incluido, empezarán a inclinarse por otra idea falsa sobre aquello a lo que nos enfrentamos.

Si te has fijado, yo, tu siempre épica narradora, he utilizado en este capítulo dos metáforas diferentes para referirme al racismo: la de un árbol de raíces sólidas y tronco grueso, y la de un adversario de boxeo. No, no estoy confundida ni estoy mezclando mis recursos literarios… Cada metáfora representa una ideología distinta sobre el racismo. Una es rotundamente falsa y condena al fracaso a los antirracistas en ciernes como tú. ¿Pero la otra? No solo es cierta, sino que es factible.

Observa esto:

Estamos en 2010. Has terminado el doctorado en Temple y eres el doctor Ibram X. Kendi desde hace unos días. Lo cual es enorme. Te has metamorfoseado de un reacio ocupante de aulas a un profesor de buena fe, y académico de carrera. ¡Un cambio ENORME! Y estás sentado en una conferencia en SUNY Oneonta que se centra en la idea del racismo como enfermedad.

Y no te convence.

Levantas la mano. "En lugar de describir el racismo como una enfermedad, ¿no cree que el racismo se parece más a un órgano?", le preguntas al conferenciante. "¿No es el racismo esencial para que América funcione? ¿No es el sistema del racismo esencial para que América viva?".

Esto —la idea del racismo como un "sistema" nebuloso, omnipresente e inmutable tan crucial para el funcionamiento de la sociedad estadounidense que nunca podrá ser derrotado y, por tanto, nunca desaparecerá por completo— es el árbol. Inquebrantable. Inamovible. No hay una sierra en la tierra lo suficientemente grande como para cortarlo, e incluso si hubiera una, las raíces son tan profundas y el suelo tan rico, que otro árbol igual de grande crecería en su lugar.

Y si esta idea del racismo parece desalentadora… es porque lo es.

Pero ¿recuerdas que antes mencionamos brevemente que muchos antirracistas en ciernes acaban subiendo al *ring* equivocado? Pues bien, en el *ring* correcto hay… un boxeador. Uno imponente, sí. Pero mortal y derrotable.

La estructura del racismo es tan reconocible y modificable como las acciones racistas individuales. La estructura del racismo no es un tronco de árbol hecho de una sustancia desconocida e indestructible. Es un ser de carne y hueso compuesto por el mismo tipo de estupidez racista que conocemos y reconocemos en los tatuajes de esvásticas de los cabezas rapadas y en las lenguas afiladas de los individuos que utilizan insultos racistas. Simplemente existe en forma de **políticas racistas**.

Para tener éxito, tenemos que ver a nuestro (no tan) Gran Oponente como un enemigo vencible. Y el racismo es un enemigo vencible. Volvamos a la definición que establecimos al principio de este viaje.

> **Racismo:** Una poderosa colección de **políticas** que conducen a la **inequidad racial y la injusticia** que se sustentan en ideas de jerarquía racial.

Y como tú dices en un libro que publicarás en 2019, diez meses antes de que el mundo entero sea testigo de una de las manifestaciones de violencia racista más atroces de la historia reciente —la muerte de un afroamericano llamado George Floyd a manos (literalmente) de un policía blanco—, "los responsables políticos y las políticas crean sociedades e instituciones, no al revés".

Los responsables políticos, las políticas y las mentes son piel, sangre y huesos. Los responsables políticos son superables; pueden ser destituidos y expulsados. Las políticas racistas no son inamovibles; pueden denunciarse y cambiarse. Las mentes racistas individuales bajo la influencia de ideas racistas pueden reformarse.

Realmente, las únicas personas que negarían la validez de las afirmaciones anteriores probablemente tengan un interés personal en preservar a los responsables políticos, las políticas y las formas de pensar racistas.

¿Qué se debe hacer? Precisamente lo que al final vas a hacer:

- Confiesa las políticas racistas que apoyas y las ideas racistas que crees y expresas.
- Acepta que eres producto de tu educación en una nación que tiene políticas racistas basadas en ideas racistas en sus mismos cimientos; esta es la fuente de las ideas racistas que viven en ti.
- Reconoce la definición de *antirracista*: alguien que apoya políticas equitativas y justas o expresa ideas de igualdad racial.
- Resiste al *statu quo* y trabaja por un poder y una política antirracistas en los espacios que ocupas.
- Reconoce las intersecciones antirracistas y oponte a las diversas mezclas de racismo.
- Luchar y luchar y luchar y luchar para hacer de las ideas antirracistas

Ejemplo:
Adquirir un cargo político; unirse a una organización antirracista; participar en protestas antirracistas; dedicar tiempo o fondos para apoyar a políticos, organizaciones y protestas antirracistas, con el fin de cambiar el poder y la política.

la fuente de la que fluyan todos tus pensamientos, ideas y propósitos personales.

Fácil, ¿verdad?

No, claro que no. Si fuera fácil, ni este libro ni el libro del que procede este libro serían necesarios. Pero como dijo el escritor irlandés Oscar Wilde: "Si merece la pena alcanzarlo, merece la pena luchar por ello".

17

LAS CUATRO "C" DEL CAMBIO: COHERENCIA, COMPASIÓN, CREATIVIDAD Y COLABORACIÓN

Bam.

Tu mente está en su lugar.

Tu corazón está dispuesto a hacer algunos cambios en este mundo a menudo desquiciado. ¿Y ahora qué? ¿Qué puedes hacer?

La respuesta (poco útil) es: depende. El racismo es realmente como una enfermedad terminal: es tóxica, perjudicial y generalizada, y se manifiesta de muchas formas distintas. Algunas de ellas son obvias —como los niños que cuelgan horcas de un árbol o el tío Buddy que profiere insultos racistas en el picnic del 4 de julio—, pero otras son ruines e insidiosas, se camuflan o se esconden detrás de lo esencial del *statu quo*, como el hecho de que la policía en los estados del sur naciera de patrullas de esclavos que se formaron con el único propósito de detener, aterrorizar y disciplinar a los negros, pero ahora se considera que las fuerzas policiales son "esenciales" para mantener la "seguridad" en las comunidades.

Lo que significa que no existe un método general para enfrentarse al **racismo**. Ningún manual tipo "paso a paso" que te diga lo que hay que hacer cuando el racismo se revela ante ti.

NOTAS DE NIC:

Para tu información, en los estados no sureños, la idea de policía —que deriva de polis, la palabra griega para "ciudad"— como organización formal diseñada para controlar el "desorden" tiene su origen en Inglaterra. Pero ya se sabe que a los estadounidenses nos gusta darle nuestro propio giro a las cosas, lo cual, en un país fundado por hombres blancos impulsados por el capital y con mentes repletas de ideas racistas originadas en sus países de origen europeos, significaba asegurarse de proteger el dinero y los bienes de los blancos mientras seguían generando capital. Había que mantener trabajando a los trabajadores esclavizados y libres, y proteger los propios bienes para que no cayesen en manos "desviadas". Y a estas alturas del libro, espero que ya sepas quiénes eran esos "desviados".

¿Y podemos reconocer lo buenos que somos los estadounidenses a la hora de crear eufemismos? "Ley y orden" puede que ahora se llame "mantenimiento de la seguridad", pero... los métodos policiales no han cambiado mucho. Vamos a seguir adelante.

¡PERO!

Lo que puedes hacer es prepararte para actuar. Piensa que es como... entrenarse para ser bombero. Aunque es imposible predecir cómo, cuándo y dónde se desatarán las llamas, un conjunto de habilidades básicas adaptables permite a los bomberos combatir —y normalmente apagar— casi cualquier incendio.

Así que vamos a meter cuatro definiciones finales en ese glorioso cerebro tuyo. Te prepararán para hacer cambios antirracistas. Y para que sea sencillo (y espero que fácil de recordar), al igual que la palabra "cambio", todas empiezan con *C*. "Se suena los nudillos".

Primero:

> **Coherencia:** Estado o cualidad de ser claro, lógico y convincente.

A medida que continúes este viaje, te vas a relacionar con mucha gente que: (1) se sienten incómodas hablando de raza o racismo o de las intersecciones del racismo con otros fanatismos, (2) son "daltónicos" o niegan que el racismo exista, (3) no están interesados en absoluto en eliminar las desigualdades raciales porque el *statu quo* es cómodo, o (4) se oponen completamente a eliminar el racismo y las desigualdades raciales porque creen que así es como "se supone" que deben ser las cosas.

Con este último grupo no se puede hacer gran cosa. Todo el razonamiento del universo no hará cambiar de opinión a una persona que cree firmemente que los negros y otras personas de color son inferiores a los blancos. Ese tipo de creencia no requiere pruebas de veracidad, y las pruebas de que es falsa se ignoran o descartan. Es casi como la fe.

Pero en un sentido general, la capacidad de explicar tu posición sobre un tema de forma que tenga sentido, con pruebas que respalden tus afirmaciones, contribuye en gran medida a crear un mundo antirracista. Lo que significa que tienes que saber de lo que hablas. Así que lee mucho. Investiga bien.

Aclara los hechos. Piensa en las preguntas que podría hacerte alguien que no está totalmente convencido de la validez de lo que dices. *¿Por qué? ¿Cómo lo sabes? ¿Dónde lo has leído?* No, no puedes predecir TODAS las preguntas posibles, pero ten preparadas las respuestas a las preguntas que tú mismo te harías para poder discutir tu posición con calma y claridad.

Compasión: Preocupación simpática por los sufrimientos o desgracias de los demás.

Y no, no estoy diciendo que haya que mostrar simpatía por los racistas. (Aunque te recordaré que cualquiera que crezca en Estados Unidos está condicionado a creer algunas ideas racistas por defecto, porque son la base de muchas normas sociales estadounidenses. El **antirracismo** hay que decidirlo y seguirlo, y no es un camino fácil, como ahora sabes. Si somos honestos con nosotros mismos, todos podríamos empatizar técnicamente con personas que no se han dado cuenta de la existencia o profundidad de sus ideas racistas y, por tanto, aún no las han dejado ir ni se han deshecho de ellas. Tenlo en cuenta).

NOTAS DE NIC:

Las fuentes primarias son tus amigas. "¿Qué son las fuentes primarias?", preguntarás. Pues bien, son artefactos, documentos o imágenes que proporcionan testimonios de primera mano o pruebas directas sobre un tema que es objeto de investigación. Pueden ser difíciles de encontrar dependiendo del tema, pero en la medida de lo posible, ve directamente a la fuente. Lee cartas, leyes y discursos antiguos. Busca fotos antiguas. Internet es increíble. (A veces).

Sin embargo, hay que actuar con compasión cuando se trata de los sufrimientos y desgracias de quienes sufren las diversas manifestaciones del racismo. Puede parecer obvio, pero no lo es. La verdadera compasión es sentir *con*, no sentir *por*. Es imaginarse en el lugar del otro y sentir las emociones como si lo que le ha ocurrido a la otra persona te estuviera ocurriendo a ti. Y a menudo requiere un nivel de vulnerabilidad que te hará sentir expuesto e indefenso, que es precisamente lo que sienten las víctimas del racismo y otros fanatismos todo el tiempo.

Además, en muchos casos, moverse y hablar desde la compasión es más eficaz que hacerlo desde la ira o la rabia. A menos que el público comparta esa ira o rabia, los oyentes se ponen a la defensiva y desencadenan instantáneamente un modo de autoprotección que dificulta la escucha. La compasión genera humildad, y la humildad hace que la gente esté más dispuesta a escuchar, reflexionar y actuar.

Creatividad: La capacidad de trascender las ideas, reglas, patrones o relaciones tradicionales y crear nuevas ideas, formas, métodos o interpretaciones significativas.

Esto debería ser una obviedad, pero no lo es: las cosas que se rompen necesitan piezas y herramientas para arreglarse, y las cosas que se desechan por completo suelen tener que sustituirse. Esto es especialmente cierto en el caso de las ideologías, que rigen la forma en que las personas interactúan entre sí. Por ejemplo, las distintas formas de democracia han sustituido a muchas dictaduras y monarquías absolutas. Esto es lo mejor del **antirracismo**: nos da algo concreto por lo que luchar en oposición al racismo.

La creatividad es vital para crear algo que nunca ha existido (al menos no en estos Estados Unidos): una sociedad libre de desigualdades raciales en la que cada individuo sea percibido como tal y no a través de la lente de ideas erróneas sobre su pertenencia a un grupo racial. Para crear este mundo, tenemos que encontrar soluciones creativas y sustituir las políticas problemáticas. Para deshacer el encarcelamiento masivo, tenemos que idear otras medidas disuasorias de la violencia y otros tipos de daños, y mejores enfoques de rehabilitación. Para eliminar las disparidades raciales en las tasas de mortalidad materna e infantil, tenemos que ser creativos a la hora de crear un acceso equitativo a una buena asistencia sanitaria. Para hacer frente a las técnicas policiales ineficaces —y francamente peligrosas para la vida—, tendremos que ser creativos con los cambios en los protocolos de formación y abrirnos a alternativas policiales que mantengan la seguridad de nuestras comunidades y proporcionen ayuda a quienes más la necesitan (por ejemplo, sistemas de apoyo comunitarios, un acceso más fácil al tratamiento de adicciones y un aumento de los servicios de salud mental).

Y sé que todo esto suena bastante desalentador, pero nunca debemos olvidar que la gente hizo las reglas y creó las normas en este mundo que actualmente habitamos… lo que significa que la gente también puede unirse para crear otras nuevas. Y esto nos lleva a la última y más importante *C*:

> **Colaboración:** Proceso en el que dos o más personas, grupos o entidades trabajan conjuntamente

para realizar una tarea, elaborar un producto o alcanzar un objetivo.

La buena noticia: ya eres un experto en esto. Literalmente, tienes que serlo para sobrevivir en un mundo en el que hay otras personas. Ir del punto A al punto B en coche es un acto de colaboración con todos los demás conductores de la carretera. Leer este libro es un acto de colaboración entre tú (lector) y yo (narradora). Yo pongo las palabras en la página para que las leas; tú lees las palabras que yo pongo en la página. Cuando compras o usas un producto, colaboras con el fabricante. Y luego, por supuesto, está la colaboración deliberada, como en los proyectos de grupo.

La clave está en utilizar esa experiencia de colaboración en momentos concretos y de formas específicas para fines concretos, todos ellos acordados. Así que, en realidad, esta palabra con letra C significa… conexión, comunicación y compromiso (¿ves?). Combinar nuestros puntos fuertes —lo que también implica reconocer nuestras debilidades individuales— para conceptualizar y ejecutar ideas juntos tendrá un impacto mucho mayor que cualquier cosa que un individuo pueda hacer por sí solo.

¿Cómo se colabora y con quién? Seguro que ya sabes la respuesta: depende. La cuestión es que el verdadero cambio, aunque empiece con una persona, tiene que arraigar a escala colectiva para que "perdure".

A veces, el cambio empieza por algo tan pequeño como explicarle al tío Buddy por qué no debe usar la palabra con N o decir cosas desagradables sobre los inmigrantes. Un cambio en una sola perspectiva puede ser algo muy poderoso. Una de las frases más contundentes de la Biblia es "No desprecies los comienzos humildes".

Pero debes saber que el cambio a gran escala no solo es posible, sino que está al alcance de la mano. Encuentra a personas que sientan lo mismo que tú por este tipo de cosas. Luego, impulsados por una compasión compartida, reúnanse para crear una explicación convincente de su posición y misión, combinen sus diversos puntos fuertes y áreas de experiencia y colaboren para llevarla a cabo.

Vamos a hacerlo.

18

SUPERVIVENCIA

Tengo una noticia fantástica y otra no tan fantástica.

Empezaremos por la primera: ¿recuerdas a esa reina con la que tenías una cita cuando viste a ese borracho irrespetuoso tocando una estatua de Buda de la manera más indecorosa? ¿Sadiqa? Bueno, le gustas. Mucho. De hecho, le vas a pedir que se case contigo y ella te dirá que sí. Se casarán en una playa jamaicana en 2013, en una ceremonia que parecerá sacada de una revista. (De hecho, la boda termina saliendo de verdad en una revista).

Lamentablemente, no mucho después de dicha boda, recibirás tu primera dosis de noticias no tan buenas: en agosto de 2013, a Sadiqa le diagnosticarán un cáncer de mama en estadio 2. La buena noticia de esta no tan buena noticia es que Sadiqa sobrevivirá. Pero no sin haber dado antes la lucha de su vida. Más noticias no tan buenas: poco después de que la lucha de Sadiqa termine y salga triunfante, a Ma le diagnosticarán un cáncer de mama en estadio 1. Y también tendrá que luchar.

Ma también sobrevivirá, pero en el transcurso de esos dos años, viendo a las dos mujeres más importantes de tu vida dar todo lo que tienen para luchar contra una enfermedad terminal, aunque a veces tratable, te darás cuenta de algunas cosas sobre el racismo que pondrán en tela de juicio todo lo que creías cierto.

En tus propias palabras:

> Me convertí en profesor universitario para destruir ideas racistas, entendiendo a la ignorancia como fuente de ideas racistas, a las ideas racistas como fuente de políticas racistas, al cambio mental como la principal solución, y a mí mismo, un educador, como el principal solucionador de esta situación.

Pero a medida que cuidas de Sadiqa, ayudas a papá a cuidar de mamá y te ocupas del trabajo, te ves obligado a reconocer que tus ideas sobre el origen del racismo son erróneas. Lo que significa que tus ideas posteriores sobre qué hacer y cómo solucionarlo... también son erróneas.

Lo cual es muy importante para ti. A estas alturas, llevas años estudiando la raza y el racismo. Sabes exactamente lo que crees al respecto. Pero cuanto más escarbas en la historia del racismo —porque no es algo que haya existido siempre— más te das cuenta de que vas a tener que hacer un cambio masivo de paradigma.

Lo que descubres es que el racismo no se basa en la ignorancia, como suponías. No surgió de la ignorancia de los europeos del siglo XIV sobre los individuos de piel oscura que ocupaban el continente situado al sur, ni de la adhesión a ideas racistas que condujeron a la creación de políticas racistas.

Históricamente hablando, el racismo es una función del interés propio. Y de la codicia.

Los políticos ricos y poderosos, por interés propio, crearon políticas que les mantendrían ricos y poderosos. Luego inventaron ideas racistas para justificar y racionalizar esas políticas. Por ejemplo, el concepto de esclavitud existió mucho antes del comercio transatlántico de personas esclavizadas, pero fueron los portugueses y los españoles los primeros en utilizar principalmente mano de obra esclava africana en sus minas de oro y en las plantaciones de azúcar. Obviamente, se conserva más capital cuando no hay que pagar ningún salario, por lo que el uso de mano de obra esclava africana resultaba atractivo para la mayoría de los países europeos que empezaban a comerciar a escala mundial. Pero la compra, captura y venta de otros seres humanos para hacerlos trabajar sin remuneración es profundamente inhumano. Así que mientras se producía todo este comercio de personas esclavizadas, se formaban ideas racistas para justificar la inhumanidad: los africanos son como bestias; son incivilizados y amorales y salvajes; sus cuerpos están obviamente hechos para soportar el calor y trabajar la tierra. Así que eso es lo que se les obligará a hacer.

La ignorancia y el odio surgen cuando la gente corriente consume y regurgita estas ideas racistas. Y así te ocurre mientras ves a tu mujer y a tu madre luchar contra una enfermedad muy concreta: la ignorancia y el odio son síntomas, pero el racismo basado en políticas es la verdadera enfermedad.

Es una constatación poderosa, pero también desalentadora. Sabías que abordar la ignorancia y el odio, y sustituirlos por el conocimiento y la comprensión no sería fácil… pero esa tarea palidece en comparación con lo que se necesitará para desmantelar el racismo centrado en las políticas.

Pero estás preparado. Publicas un libro en 2016 sobre esta historia de ideas racistas que da la vuelta a tu mundo académico: *Marcado desde el principio*. Y luego llevas ese mensaje de gira. Pero cuanto más hablas de ello, más te das cuenta de que no estás haciendo mucho para modificar las políticas. Así que es hora de cambiar.

Se te ocurre un excelente plan para guiar tu misión, primero en la American University en 2017, y luego en el Centro de Investigación Antirracista que fundarás y dirigirás en la Universidad de Boston tres años más tarde. El plan tiene este aspecto:

- Admitir que la desigualdad racial es un problema de malas políticas, no de malas personas.
- Identificar la desigualdad racial en todas sus intersecciones y manifestaciones.
- Investigar y sacar a la luz las políticas racistas causantes de la desigualdad racial.
- Formular o encontrar una política antirracista que pueda eliminar la desigualdad racial.
- Averiguar quién o qué grupo tiene poder para instituir una política antirracista.
- Difundir y educar sobre las políticas racistas descubiertas y los correctivos políticos antirracistas.
- Trabajar con responsables políticos antirracistas simpatizantes para instituir la política antirracista.
- Desplegar el poder antirracista para obligar o expulsar del poder a los responsables políticos racistas con el fin de instituir la política antirracista.

- Supervisar de cerca para garantizar que la política antirracista reduzca y elimine la desigualdad y la injusticia raciales.

- Cuando las políticas fracasan, no hay que culpar a las personas. Empieza de nuevo y busca tratamientos antirracistas nuevos y más eficaces hasta que funcionen.

- Vigilar de cerca para evitar que se instauren nuevas políticas racistas.

Pero entonces, pocos meses después de desvelar esta visión y este plan de acción, recibes otra dosis de noticias no tan buenas.

Cáncer. Otra vez.

Esta vez en tu propio cuerpo.

Siendo como eres, luchar contra un cáncer de colon metastásico en estadio 4 te hace pensar en el racismo como un cáncer en el cuerpo de Estados Unidos. Aunque, afortunadamente, tu cáncer no se extiende por todo tu cuerpo, el racismo invade casi todas las partes del cuerpo de Estados Unidos, se cruza con otros fanatismos —sexismo, clasismo, *queerfobia*, capacitismo— y justifica desigualdades obvias diciendo que algo va mal con las víctimas. Es la fuente de un odio fuera de lugar y el catalizador de muchos tiroteos masivos.

Y lleva mucho tiempo alimentándose del interés propio y la negación de los responsables políticos y civiles.

A lo largo de lo que probablemente será una lucha de por vida contra el racismo, oirás a gente negar la existencia del racismo allá donde vayas. Algo así como cuando negabas la gravedad del cáncer que tenías en tu cuerpo. La verdad —que estabas en la fase más grave y que las probabilidades apuntaban a que morirías— te parecía demasiado grande. Demasiado difícil de asimilar. Temías que si te enfrentabas a la realidad de tu situación, verías algo que no podrías vencer.

Lo mismo ocurre con el racismo estadounidense. Muchos niegan su existencia porque les parece un enemigo demasiado grande. Además, admitir que existe exige algún tipo de acción; negarlo significa no tener que hacer nada al respecto.

Así, pasas de entender el racismo a través del cáncer de Sadiqa y Ma a entender tu cáncer a través de lo que entiendes por racismo. Si puedes ver que el lobo feroz de la política y el racismo arraigado en el poder es derrotable, quizá tu cáncer (que es mucho más grave que el de Sadiqa o el de Ma) también pueda ser derrotado.

Y lo derrotas.

Contra todo pronóstico, sobrevives.

Sobrevives apoyándote en todo lo que te daría alegría una vez ganada la lucha: una larga y hermosa vida con tu esposa superviviente y tu hija; interactuando con los lectores de tu obra y construyendo una tribu de gente dispuesta a entrar en la lucha antirracista; terminando el libro en el que se basa este libro.

Y así como te imaginabas lo que sería luchar contra este cáncer, imaginaste cómo podría ser este país —incluso el mundo— sin el cáncer del racismo. Te fijaste en los avances antirracistas que se han producido en el corto periodo de tu vida hasta ahora, y te imaginaste que continuarían.

La lucha es larga y dura: seis meses de quimioterapia seguidos de una cirugía invasiva. Y sobrevives. Contra todo pronóstico, en el verano de 2018 tu cuerpo está libre de cáncer.

Así es como sabes que el cáncer del racismo puede ser tratado y eliminado. Lo que históricamente ha sido eficaz en la lucha contra el racismo puede compararse con lo que ha sido eficaz en la lucha contra el cáncer: rociar el *statu quo* con la quimioterapia o inmunoterapia de políticas antirracistas que pueden reducir los tumores de desigualdad racial y también matar las células cancerosas racistas ocultas. Lo que no se destruye de esa manera puede extirparse siempre que primero admitamos que está ahí y luego determinemos claramente lo que debe desaparecer.

No todo está perdido para nosotros ni para nuestra sociedad. El poder racista no es una deidad. Las políticas racistas pueden ser destruidas y sustituidas por políticas antirracistas. Las desigualdades raciales no son inevitables y pueden eliminarse.

Porque las ideas racistas no son naturales en la mente humana. En el gran ámbito de la existencia humana, la raza y el racismo son relativamente jóvenes. Antes de la construcción de la raza y el racismo en el siglo XIV, los seres humanos veían colores, pero no los agrupaban en "razas" continentales ni les atribuían características positivas y negativas totalmente inventadas. Eso es algo que aprendimos a hacer.

Y si aprendimos eso, podemos aprender algo nuevo.

Brindemos por el **antirracismo**.

EL ~~FIN~~ COMIENZO

EPÍLOGO

Hey, Nic. Soy Ibram. Llámame I.

Así que me estás diciendo que un día me casaré con una mujer llamada Sadiqa. Y ella va a tener cáncer de mama. Y después de que se recupere, Ma va a tener cáncer también. Y después de que Ma se recupere, yo voy a tener cáncer de colon. Un cáncer muy malo. De los que matan. Pero voy a sobrevivir. Y voy a aprender cómo luchar contra el racismo a través de estas batallas contra el cáncer.

Lo siento, estoy un poco conmocionado. Tengo diecisiete años y no estoy en el hospital, sino aquí en Manassas, Virginia, en 1999. Bueno, sí fui a urgencias cuando me rompí la muñeca jugando al baloncesto mientras vivíamos en Queens, Nueva York. Tenía un yeso azul firmado por mis amigos. Me rompí la muñeca derecha, así que practiqué regates, tiros a canasta y pases con la mano izquierda. Nada iba a alejarme del baloncesto.

Creo que estaba en octavo grado. Ya sabes, la clase con Kwame. Y tienes razón: sus chistes pegaban de otra manera. No tenía ni idea de que estaba expresando ideas racistas sobre los inmigrantes africanos, igual que los inmigrantes africanos expresaban ideas racistas sobre los afroamericanos. No tenía ni idea de las ideas racistas étnicas. No sabía que "no racista" no existía. No tenía ni idea de muchas cosas de este libro.

No sabía que el problema racial era... ¿Cuál es la palabra que usaste? Estructural. No sabía que el racismo tenía que ver con el poder, la política y las ideas. En la escuela y en la televisión, aprendí sobre los carteles de "Solo para blancos" y algo sobre la esclavitud. Pero eso era antes. Yo pensaba que ahora todo estaba bien. No creía que todo el mundo fuera bueno, claro. Pensaba que había racistas individuales, como los policías a los que les gusta pararme.

Tengo un Honda Civic negro. Mi matrícula es ESRIDE. Debo admitir, sin embargo, que a veces voy rápido. Y lo siento. Es peligroso. Voy más despacio. Podría lastimar a alguien, especialmente a mí mismo, ya que todavía estoy aprendiendo a conducir. Pero Hollywood debería hacer una película basada en carreras urbanas. ¡Creo que sería muy popular! Porque somos rápidos y furiosos, sobre todo cuando nos para la policía. No tienen que pararme como si hubiera robado algo, como si estuviera armado o algo así. Siempre me he preguntado por qué me tienen miedo. Pero cuando estoy paseando con uno de mis amigos blancos y lo detienen, los polis se portan bien. Las ideas racistas corporales son reales. La gente sigue actuando como si yo fuera peligroso. Pero ahora sé que lo peligroso son esas ideas racistas de que los chicos negros y mestizos como yo somos peligrosos. Gracias.

No salgo de casa hasta diez o quince minutos antes del timbre. El colegio empieza sobre las 7:30 a. m. Me apresuro para llegar a tiempo, pero llego tarde todos los días. Salgo tarde porque no me gusta la escuela, cosa que ya sabes. No soy popular ni nada de eso. Soy tímido. No me siento muy inteligente. Al menos así me tratan muchos profesores y alumnos. Creo que ese maltrato me lo he buscado yo. Porque no me aplico, como dicen mis padres. Pero creo que si la gente pensara mejor de mí, yo también lo haría. Por otra parte, nunca debería haber permitido que lo que otras personas piensan de mí influyera en lo que pienso de mí mismo. No debería interiorizar sus ideas racistas sobre mí. Voy a dejar de hacerlo.

Después de todo, ¡me estás diciendo que voy a ir a la universidad! Y me estás diciendo que en realidad me encanta aprender, que la escuela no es mi problema, que el problema es qué y cómo estoy aprendiendo. Y me dices que me gusta tanto aprender que voy a ser profesor universitario. Y me dices que voy a escribir libros. Y me dices que el libro que me escribiste a mí y a los jóvenes de tu tiempo está basado en un libro que yo escribí en el futuro (pero antes del futuro en el que escribiste esto). Yo no leo así ahora, ¡y tú me dices que escribiré así en el futuro! Es una locura. Es realmente loco. Todavía estoy en *shock*. No sé si estoy más conmocionado por todo eso o por el cáncer.

Simplemente no vi nada de esto en mi futuro. Ya sabes, esa es la belleza del futuro. Hablando del futuro, gracias por enviar este libro al pasado. Probablemente debería preguntarte ¿cómo lo hiciste? Está fechado en 2023. Yo lo estoy leyendo a finales de 1999. ¿Cómo me has enviado este libro veinticuatro años atrás en el tiempo? ¿Es como una especie de *Volver al futuro*? ¿Tienen máquinas del tiempo en el futuro? Vi *Matrix* este año y esa película me hizo pensar en todo tipo de cosas. Y sabes, en unos meses, el milenio va a terminar. La gente está asustada. Yo no estoy asustado. Solo tengo curiosidad. ¿Están enviando cosas al pasado al otro lado del milenio?

Eres muy oportuna. Quiero decir, llegas en el momento perfecto. Participé en un concurso de oratoria de Martin Luther King Jr. en mi secundaria hace unos días. Acababa de entrar en mi habitación, puse un partido de baloncesto en la televisión y me senté en mi pupitre. El partido calmó mis nervios porque el concurso de oratoria es mañana por la mañana y tengo que terminar mi discurso. Tenemos que hablar sobre "¿Cuál sería el mensaje del doctor King para el milenio?". Quiero que el discurso sea bueno. Mis padres dan discursos todo el tiempo como ministros. Quiero que mis padres se sientan orgullosos. No han estado muy orgullosos de mí últimamente.

Cuando terminé mi primer borrador, sentí que necesitaba algo.

Miré mi pequeña estantería. No esperaba ver ningún libro que pudiera ayudarme. Vi todos los CliffsNotes amarillos y mi puñado de libros sobre baloncesto. Entonces eché un vistazo al libro que me enviaste. Me llamó la atención el lomo. *Cómo ser un (joven) antirracista* estaba esperándome como una pelota de baloncesto en una cancha. Lo cogí. Me senté en la silla de mi escritorio, recosté la espalda y empecé a leerlo. El juego se fue desvaneciendo a medida que leía. No paré hasta terminarlo.

Cuanto más lo leía, más me daba cuenta de lo mucho que lo necesitaba. Muchísimo. Yo estaba a punto de destrozar este discurso. De avergonzarme a mí mismo y a los negros, y no tenía ni idea de eso.

Hiciste que me enfrentara a mí mismo como nadie. Fue duro mirarme al espejo y ver todas esas cosas feas que pensaba de los negros y, con el tiempo, también de los blancos. Y ahora que lo pienso, desprecio a los asiáticos, a los indígenas, a los de Oriente Medio y a los cada vez más numerosos latinoamericanos de Manassas, Virginia. Lo que yo creía que era cierto sobre los grupos raciales son en realidad ideas racistas sobre los grupos raciales… Eso me dejó alucinado.

Pero me estás diciendo que no nos enfrentamos a nosotros mismos solo porque sí. Después de enfrentarnos a nosotros mismos, debemos enfrentarnos al mundo. Guardamos el espejo y sacamos el microscopio para ver las desigualdades e injusticias raciales que nos rodean. Todos los autores y profesores blancos de nuestras escuelas. Todos los pueblos indígenas más pobres que los blancos. Todos los adolescentes negros encarcelados. Todo el dinero que los políticos derrochan en prisiones y policía en lugar de usarlo en escuelas y profesores. Todos los inmigrantes blancos acogidos y los inmigrantes latinos deportados. Estás diciendo que cuando vemos toda esta desigualdad e injusticia racial, estamos viendo racismo. Y deberíamos llegar a ver cómo el racismo se cruza con el sexismo, la *queerfobia*, el clasismo, el capacitismo y el colorismo.

Tengo que decírtelo: Kaila y Yaba suenan intimidantes. Pero en realidad, mi tía Jeanette es la que es intimidante. Dice las cosas como son, regaña a la gente cuando lo merece y la quiero por ello. Yaba y Kaila suenan como la tía Jeanette. Ojalá Kaila y Yaba estuvieran en mi escuela. Podrían haberme enseñado antes. Pero ahora tengo la oportunidad de instruirme sobre el sexismo y la *queerfobia*.

Y colorismo. No me pondré esos lentes de contacto de colores que quería ponerme. Gracias por salvarme de esa tontería de intentar parecer blanco. Mis ojos marrones son lo mejor. Y no te preocupes, Nic, voy a luchar contra la idea de que cuanto más claro, mejor. Voy a dejar de ridiculizar a mi amigo Brandon de piel oscura, diciéndole "tren nocturno" y "Black and Decker". Estaré alerta para cuando los chicos de mi colegio digan: "Es guapa aunque es de piel morena". Ahora sé que eso es colorismo. Y no voy a exagerar al negarme a salir con chicas de piel clara en la universidad. Que las ideas racistas favorezcan a la gente de piel clara, e incluso a los blancos, no significa que yo tenga que desfavorecerlos.

Para crear justicia, tengo que ocuparme de la justicia. Una vez que me he enfrentado a mí mismo y a mi mundo, tengo que empezar a hacer movimientos de poder para cambiarme a mí mismo y a mi mundo. Ser antirracista es un viaje, no un objetivo final. Leer libros como *Cómo ser (joven) antirracista* puede ser un punto de partida. Pero yo aprendo con la práctica. Ser antirracista es como ser un jugador de baloncesto que tiene que jugar en defensa y en ataque como parte de un equipo. No puedo hacerlo solo. Tenemos que defendernos de la violencia racista, de la desigualdad racial. Pero si solo jugamos a la defensiva, nunca conseguiremos liberarnos del racismo. También tenemos que jugar a la ofensiva, poniendo en marcha un poder y una política antirracistas que deconstruyan la estructura de poder y política del racismo. Así es como daremos la vuelta a este antro. Así es como conseguiremos equidad y justicia para el pueblo. Este libro me ha entusiasmado.

Perdón por ser tan exagerado. Es tarde, pasada la medianoche. El partido de baloncesto terminó hace rato. Creo que mis padres y mi hermano están dormidos. Estoy cansado, pero al mismo tiempo siento que me estoy despertando. Estoy preparado, Nic. Estoy listo para empezar mi viaje para ser antirracista.

Empecé con este discurso de MLK. Acabo de terminar de reescribirlo. Dime qué te parece.

Ya saben lo que iba a decir: "Ahora, ciento treinta y cinco años después, el negro sigue sin ser libre… Las mentes de nuestros jóvenes siguen cautivas".

Lo reescribí como "Ahora, ciento treinta y cinco años después, el negro sigue sin ser libre. Los negros siguen cautivos del racismo".

¿Recuerdas donde decía "Los jóvenes negros creen que está bien ser los más temidos de nuestra sociedad"?

Lo cambié por "¡Las ideas racistas hacen de los jóvenes negros los más temidos de nuestra sociedad!".

¿Recuerdas dónde iba a gritar: "Los jóvenes negros creen que está bien no pensar"?

Ahora dice "¡Las ideas racistas hacen que la gente piense que los jóvenes negros no piensan!".

¿Recuerdas la frase que decía: "Los jóvenes negros creen que está bien subirse al alto árbol del embarazo"?

La nueva línea es "¡La América racista cree que está bien subirse al alto árbol de la injusticia!".

¿Recuerdas cuando decía: "Las mentes de los jóvenes negros están cautivas, y las de nuestros adultos junto a las suyas. Porque de alguna manera piensan que la revolución cultural que comenzó el día del nacimiento de mi sueño ha terminado"?

Lo cambié por "Las mentes americanas están cautivas de ideas racistas. Porque de alguna manera piensan que la revolución antirracista que empezó hace tiempo ha terminado".

Después de leer ese libro, literalmente me senté y reescribí todo el discurso.

¿Recuerdas dónde decía "Cómo va a acabar todo si nuestros hijos salen de sus casas sin saber hacerse cargo de sí mismos, solo sabiendo olvidarse a sí mismos"?

Ahora dice "¿Cómo va a acabar todo si nuestros hijos salen de sus casas sin tener la oportunidad de hacerse cargo de sí mismos, cargando con el racismo que les hace olvidarse de sí mismos?".

Y cerré de esta manera: "Así que les digo, amigos míos, que aunque esta revolución antirracista puede que nunca termine, todavía tengo un sueño... Sigo soñando con que ustedes y yo, nosotros, en este nuevo milenio, seamos antirracistas y hagamos lo imposible. Si pudimos abolir la esclavitud en el siglo XIX, si pudimos abolir partes de Jim Crow en el siglo XX, entonces podemos abolir el racismo de una vez por todas en el siglo XXI".

AGRADECIMIENTOS DE NIC STONE

Este libro me ha exigido más que cualquier otro que haya escrito, y la primera persona a la que tengo que dar las gracias es Jason Reynolds por seguir haciendo cosas que me hacen querer exigirme. Estaba sentada con él en un restaurante de Decatur, Georgia, cuando me dijo que estaba adaptando *Stamped from the Beginning*, e inmediatamente se encendió un fuego en mí. Quería hacer algo similar, porque cuando se trata de Jason, soy una gran imitadora. Luego tengo que dar las gracias al extraordinario profesor de lectura y estudios sociales Michael Bonner, que fue la primera persona a la que le dije: "Creo que quiero adaptar *Cómo ser antirracista* para los jóvenes". El empuje inicial del señor Bonner y su convicción de que podía hacer realidad la idea, realmente me llevaron de la investigación inicial a las primeras páginas. Gracias también a Nigel Livingstone por su continuo apoyo en el terreno, que me ayudó a superar varias noches oscuras del alma, y por su magnífica gestión de nuestros hijos para que yo pudiera perseguir estos sueños. También a Wyatt Oroke, extraordinario educador y mi principal lector y caja de resonancia, que me ayudó a asegurarme de que esta adaptación no solo fuera legible, sino también didáctica: siempre en deuda contigo, *homie*. Y al equipo de reinas que, literalmente, lo han hecho posible: Mollie Glick, Ayesha Pande, Namrata Tripathi y

Zareen Jaffery. Lo que me lleva al GOAT (*Greatest of All Time*, "el más grande"): el doctor Ibram X. Kendi. Gracias, IXK, no solo por hacer un trabajo épico y transformador de la sociedad, sino también por NO mirarme de reojo cuando me colé en tus mensajes de Instagram pidiéndote que me pusieras en la lista de posibles candidatos si querías que *Cómo ser antirracista* se adaptara para los lectores jóvenes, respondiendo casi inmediatamente con un: "Claro. Déjame avisar a la editorial", y luego confiarme de todo corazón tu trabajo para dar vida a este libro. Gracias por permitirme unirme a este viaje que también me ha cambiado la vida.

AGRADECIMIENTOS DE IBRAM X. KENDI

En primer lugar, quiero expresar mi reconocimiento a los jóvenes que se esfuerzan por ser antirracistas. Su voz, sus acciones, su inteligencia y su valentía nos han inspirado para crear este libro con esmero y convicción. Y amor. Y permítanme aprovechar esta oportunidad para compartir mi amor y aprecio por mi compañera, Sadiqa, y nuestra hija, Imani.

También debo compartir mi aprecio y gratitud por una de las mejores escritoras que lo hacen posible: Nic Stone. La vivacidad de tu escritura y tu personalidad, tu voz literaria fuera de lo común, tu audacia, tu osadía y tu brillantez han sido un auténtico regalo. Ha sido un don para mí trabajar contigo y aprender de ti. Cuando apareciste en mis mensajes, ya estabas en mi corazón como la persona elegida que podía adaptar *Cómo ser antirracista* para los jóvenes como ninguna otra lo haría. Y lo hiciste. Creaste un libro como ningún otro. Y no podría estar más agradecido. Al igual que quiero expresar mi profunda gratitud a Namrata Tripathi y Zareen Jaffery de Kokila por su intrépida defensa y administración de este libro. Estoy igualmente agradecido a mis colegas del Centro de Investigación Antirracista de la Universidad de Boston, especialmente a Adeline Gutiérrez Núñez, Hunter Moyler, Tami Nguyen y, por supuesto, a Heather Sanford, que ayudaron a garantizar la precisión de este libro. Y como siempre, Ayesha Pande, agradezco tu apoyo incondicional. Estoy orgulloso del trabajo que hemos hecho juntos a lo largo de los años. Ahora mismo estoy lleno de orgullo por esta maravilla, agradecido por todas las manos que la han hecho posible, y alegre por todas las manos que reharán el mundo con ella.

NOTAS

EMPEZAR POR EL MEDIO: TU INTRODUCCIÓN (RACISTA)

p. 15: todo esto suele ocurrir [...] nadie se dé cuenta. Para más información sobre esta idea, véase Ibram X. Kendi, "The Heartbeat of Racism Is Denial", *The New York Times*, 13 de enero de 2018, disponible en nytimes.com/2018/01/13/opinion/sunday/heartbeat–of–racism–denial.html.

1. DEFINICIONES: POR QUÉ IMPORTAN (TANTO COMO LAS VIDAS NEGRAS)

p. 19: [Skinner] estaba ganando popularidad. Para artículos que expliquen la vida e influencia de Skinner y su papel en Urbana 70, véase James Earl Massey, "The Unrepeatable Tom Skinner", *Christianity Today*, 12 de septiembre de 1994, disponible en christianitytoday.com/ct/1994/september12/4ta011.html; y Edward Gilbreath, "A Prophet Out of Harlem", *Christianity Today*, 16 de septiembre de 1996, disponible en christianitytoday.com/ct/1996/september16/6ta036.html.

p. 20: un par de libros de Tom Skinner. Véase Tom Skinner, *How Black Is the Gospel?* (Filadelfia: Lippincott, 1970); y Tom Skinner, *Words of Revolution: A Call to Involvement in the Real Revolution* (Grand Rapids, MI: Zondervan, 1970).

p. 20: Soul Liberation abrió el evento. Para un recuerdo de esta velada con Soul Liberation tocando y Tom Skinner predicando que concuerda con los recuerdos de los padres del doctor Kendi, véase Edward Gilbreath, *El blues de la reconciliación: La visión interna de un evangélico negro sobre el cristianismo blanco* (Downers Grove, IL: InterVarsity Press, 2006), 66-69.

p. 20: parecían preparar a la multitud para lo que Skinner diría. Para el audio y el texto del sermón de Tom Skinner en Urbana 70 titulado "The U.S. Racial Crisis and World Evangelism", véase urbana.org/message/us-crisis-racial-y-evangelismo-mundial.

p. 21: por la liberación de los negros. Para un buen libro sobre la filosofía de la teología negra, véase James H. Cone, Risks of Faith: *The Emergence of a Black Theology of Liberation*, 1968-1998 (Boston: Beacon Press, 2000).

p. 21: el movimiento Poder Negro. Para una visión general del Black Power, véase Peniel E. Joseph, *Waiting 'Til the Midnight Hour: A Narrative History of Black Power in America* (Nueva York: Henry Holt, 2007).

p. 22: *Teología negra y poder negro*. James H. Cone, *Black Theology & Black Power* (Nueva York: Seabury, 1969).

p. 25: A principios de 2022, el 74 % de las familias blancas vivían en casas de su propiedad. Estas cifras pueden encontrarse en U.S. Census Bureau, "Quarterly Residential Vacancies and Home Ownership, First Quarter 2022", 27 de abril de 2022, Tabla 7, disponible en census.gov/housing/hvs/archivos/currenthvspress.pdf.

p. 25: casi seis años mayor que la de los negros. Elizabeth Arias, Betzaida Tejada-Vera, Kenneth D. Kochanek y Farida B. Ahmad, "Provisional Life Expectancy Estimate for 2021",

Vital Statistics Rapid Release, Report No. 23, agosto de 2022, 3, disponible en cdc.gov/nchs/data/vsrr/vsrr023.pdf.

p. 25: la tasa de mortalidad infantil de los bebés negros es el doble que la de los bebés blancos. Véase CDC, "Infant Mortality", 8 de septiembre de 2021, disponible en cdc.gov/reproductivehealth/maternalinfanthealth/infantmortality.htm

p. 25: los afroamericanos tienen un 33 % más de probabilidades de morir de cáncer. Véase Rebecca L. Siegel, Kimberly D. Miller y Ahmedin Jemal, "Cancer Statistics, 2022", CA: *A Cancer Journal for Clinicians* 72, no. 1 (enero/febrero de 2022), doi.org/10.3322/caac.21708.

p. 25: Idea racista. Véase Ibram X. Kendi, *Stamped from the Beginning: La historia definitiva de las ideas racistas en Estados Unidos* (Nueva York: Nation Books, 2016).

p. 25: "Los negros [...] del cuerpo como de la mente". Thomas Jefferson, *Notes on the State of Virginia* (Boston: Lilly and Wait, 1832), 150.

p. 29: "Todos hemos sido [...] como iguales". Audre Lorde, "Age, Race, Class, and Sex: Women Redefining Difference", en *Sister Outsider: Essays and Speeches* (Freedom, CA: Crossing Press, 1984), 115.

p. 34: "No se libera a una persona [...] completamente justo". Para ver un video completo del discurso del presidente Johnson en Howard, véase "Commencement Speech at Howard University, 6/4/65. MP2265-66", TheLBJLibrary, disponible en youtube.com/watch?v=vcfAuodA2x8.presidency.ucsb.edu/documents/commencement-address-howard-university-fulfill-these-rights.

p. 34: Los regentes de la Universidad de California votan a favor de poner fin a los programas de Acción

Afirmativa. Phillip Carter, "Regents end UC affirmative action policies", *Daily Bruin*, 23 de julio de 1995, disponible en dailybruin.com/1995/07/23/regents-end-uc-aMrmative-act.

p. 34: un descenso del 36 % en la admisión. Jamillah Moore, *Race and College Admissions: A Case for Affirmative Action* (Jefferson, NC: McFarland & Company, Inc. Publishers, 2005), 26-27.

p. 35: se ha demostrado que este tipo de preparación aumenta las puntuaciones en cientos. Véase Abigail Johnson Hess, "Rich Students Get Better SAT Scores - Here's Why", CNBC, 3 de octubre de 2019, disponible en cnbc.com/2019/10/03./rich-students-get-better-sat-scores-heres-why.html.

p. 36: "Para superar el racismo [...] tratarlas de forma diferente". Para ver su opinión disidente completa, véase Harry Blackmun, Dissenting Opinion, *Regents of the Univ. of Cal. v. Bakke, 1978*, C-SPAN Landmark Cases, disponible en landmarkcases.c-span.org/Case/27/Regents-Univ-Cal-v-Bakke.

2. DOS MENTES: DUELO DE CONCIENCIAS

p. 38: "el año en que este país [...] contra el crimen". Elizabeth Hinton, "Por qué deberíamos reconsiderar la guerra contra el crimen", *Time*, 20 de marzo de 2015, disponible en time.com/3746059/war-on-crime-history/.

p. 38: la guerra contra las drogas de Nixon. "President Nixon Declares Drug Abuse 'Public Enemy Number One'", Richard Nixon Foundation, June 17, 1971, disponible en youtube.com/watch?v=y8TGLLQlD9M.

p. 38: algunas acusaciones fuertes. Dan Baum, "Legalize It All: How to Win the War on Drugs", *Harper's Magazine*, abril de 2016, disponible en harpers.org/archive/2016/04/legalize-it-all/.

p. 39: Ronald Reagan lo hizo por partida doble. Ronald Reagan, "Remarks on Signing Executive Order 12368, Concerning Federal Drug Abuse Policy Functions", en *Public Papers of the Presidents of the United States: Ronald Reagan*, 1982 (Washington, DC: U.S. Government Printing OMce, 1982), 813.

p. 39: la población carcelaria estadounidense se cuadruplicó. Véase Fox Butterfield, "Study Finds Big Increase in Black Men as Inmates Since 1980", *The New York Times*, 28 de agosto de 2002, disponible en nytimes .com/2002/08/28/us/study-finds-big-increase-in-black-men-as-reclusos-desde-1980.html.

p. 39: las personas negras y latinas estaban sobrerrepresentadas. John Gramlich, "The Gap Between the Number of Blacks and Whites in Prison Is Shrinking", Pew Research Center, 12 de enero de 2018, disponible en pewresearch.org/fact-tank/2018/01/12/shrinking-gap-between-number-of-blacks-and-whites-in-prison/.

p. 39: las tasas de consumo de drogas son casi las mismas. National Center for Behavioral Statistics and Quality, Racial/ethnic *Differences in Substance Use, Substance Use Disorders, and Substance Use Treatment Utilization among People Aged 12 or Older* (2015-2019) (Rockville, MD: Substance Abuse and Mental Health Services Administration, 2021),13, disponible en samhsa.gov/data/sites/default/files/reports/rpt35326/2021NSDUHSUChart book102221B.pdf.

p. 39: flagrante desigualdad racial en las cifras de detenciones por drogas. Jonathan Rothwell, "Drug Offenders in American Prisons: The Critical Distinction Between Stock and Flow", Brookings, 25 de noviembre de 2015, disponible en brookings.edu/blog/social-mobility-memos/2015/11/25/drug-offenders-in-american-prisons-la-distinción-crítica-entre-stock-and-flow/.

p. 40: obligan a la policía a realizar más detenciones por drogas para conseguir más fondos. Michelle Alexander, *The New Jim Crow: Mass Incarceration in the Age of Colorblindness* (Nueva York: The New Press, 2012), 73.

p. 40: es más propensa a vender drogas que la población negra. Keegan Hamilton, "The War on Drugs Remains as Racist as Ever, Statistics Show", Vice, 14 de marzo de 2017, disponible en vice.com/en/article/7xwybd./the-war-on-drugs-remains-as-racist-as-ever-statistics-show.

p. 40: zonas de bajos ingresos, donde era más probable que las transacciones de drogas tuvieran lugar al aire libre. Véase Leonard Saxe, Charles Kadushin, Andrew Beveridge, David Livert, Elizabeth Tighe, David Rindskopf et al, "The Visibility of Illicit Drugs: Implications for Community-Based Drug Control Strategies", *American Journal of Public Health* 91, no. 12 (diciembre de 2001): 1987-1994.

p. 42: era (y sigue siendo) desproporcionadamente blanca. Véase Christopher Pulliam, Richard V. Reeves y Ariel Gelrud Shiro, "The Middle Class Is Already Racially Diverse", Brookings, 30 de octubre de 2020, disponible en brookings.edu/blog/up-front/2020/10/30/the-middle-class-is-already-racially-diverse/.

p. 44: mayor número de personas que reciben ayuda del gobierno. Kathryn Cronquist, *Characteristics of Supplemental Nutrition Assistance Program Households: Fiscal Year 2019* (U.S. Department of Agriculture, Alexandria, VA, 2021), 25, disponible en fns-prod.azureedge.us/sites/default/files/resource-files/ Characteristics2019.pdf; y Kaiser Family Foundation, "Distribution of the Nonelderly with Medicaid by Race/Ethnicity, 2019", disponible en https://www.kff.org/medicaid/state-indicator/ medicaid-distribution-people-0-64-by-raceethnicity/.

p. 44. Los blancos constituían el 75.8 % de la población total de Estados Unidos en 2019. Disponible en census. gov/quickfacts/fact/table/US/RHI125221.

p. 46: se asimilaran, "que adquirieran los rasgos que los americanos blancos dominantes consideraban estimables". Gunnar Myrdal, *An American Dilemma: The Negro Problem and Modern Democracy* (Nueva York: Harper, 1944), 2:929.

3. PODER (O LO QUE HACE QUE LA RAZA SEA ALGO)

p. 47 Los negros [...] querían mantener alejados a sus "buenos" hijos. Para algunas de las primeras investigaciones sobre este tema, véase Diana T. Slaughter y Barbara Schneider, "Parental Goals and Black Student Achievement in Urban Private Elementary Schools: A Synopsis of Preliminary Research Findings", *The Journal of Intergroup Relations 23*, no. 1 (primavera/agosto de 1985), 24-33; y Diana T. Slaughter y Barbara Schneider, *Newcomers: Blacks in Private Schools* (Evanston, IL: Northwestern University School of Education, 1986).

p. 51: El príncipe Enrique el Navegante de Portugal. Ibram X. Kendi, *Stamped from the Beginning: The Definitive History of Racist Ideas in America* (Nueva York: Nation Books, 2016), 22-25.

p. 51: compraventa de seres humanos exclusivamente a los cuerpos africanos. Martin Meredith, *The Fortunes of Africa: A 5000-Year History of Wealth, Greed, and Endeavor* (Nueva

York: PublicAffairs, 2014), 93-94; Gomes Eanes de Zurara, *The Chronicle of the Discovery and Conquest of Guinea* (Londres: Hakluyt Society, 1896).

p. 51: primer relato transcrito de la percepción de inferioridad de los negros. *Ibid.*, xii.

p. 51: "perdidos" (desde una perspectiva cristiana), viviendo "como bestias, sin costumbre alguna de seres razonables". Ibram X. Kendi, *Stamped from the Beginning: The Definitive History of Racist Ideas in America* (Nueva York: Nation Books, 2016), 22-25; y Zurara, *The Chronicle of the Discovery and Conquest of Guinea*, 1:85-86.

p. 51: *negros da terra*. Mieko Nishida, *Slavery & Identity: Ethnicity, Gender, and Race in Salvador, Brazil, 1808-1888* (Bloomington, IN: Indiana University Press, 2003), 13.

p. 52: "fuertes para el trabajo [...] tareas poco exigentes". Zuazo citado en David M. Traboulay, *Columbus and Las Casas: The Conquest and Christianization of America*, 1492-1566 (Lanham, MD: University Press of America, 1994), 58.

p. 52: codificar las "razas" por colores. Dorothy Roberts, *Fatal Invention: How Science, Politics, and Big Business Recreate Race in the Twenty-First Century* (Nueva York: New Press, 2011), 252-53.

p. 52: "Vigoroso, musculoso". Carl Linnaeus, *Systema Naturae*, 10a ed., (Estocolmo: Laurentius Salvius, 1758), 1:21-22.

p. 53: evitar a los comerciantes musulmanes de personas esclavizadas. Para consultar la bibliografía sobre esta historia, véase Robert C. Davis, Christian *Slaves, Muslim Masters: White Slavery in the Mediterranean, the Barbary Coast, and Italy, 1500-1800* (Nueva York: Palgrave Macmillan, 2003); Matt Lang, *Trans-Saharan Trade Routes* (Nueva York: Cavendish, 2018); y

John Wright, *The Trans-Saharan Slave Trade* (Nueva York: Routledge, 2007).

p. 53: con lo que el rey Alfonso ganó un dineral. Gabriel Tetzel y Václáv Sasek, *The Travels of Leo of Rozmital, 1465-1467*, traducido por Malcolm Letts (Cambridge: Hakluyt Society at the University Press, 1957).

4. BIOLOGÍA

p. 56: Los alumnos negros tienen el doble de probabilidades... Véase Renee Ryberg, Sarah Her, Deborah Temkin y Kristen Harper, "Despite Reductions Since 2011-2012, Black Students and Students with Disabilities Remain More Likely to Experience Suspension", Child Trends, 9 de agosto de 2021, disponible en childtrends.org/publications.

p. 58: se aplican desproporcionadamente a los niños negros y mestizos. "Are We Closing the School Discipline Gap?" The Center for Civil Rights Remedies, UCLA, disponible en https://civilrightsproject.ucla.edu/resources/projects/center-for-civil-rights-remedies/school-to-prison-folder/federal-reports/are-we-closing-the-school-discipline-gap/AreWeClosingTheSchoolDisciplineGap_FINAL221.pdf

p. 60: "más capacidad física natural". John Hoberman, *Darwin's Athletes: How Sport Has Damaged Black America and Preserved the Myth of Race* (Nueva York: Houghton Miffin Harcourt, 1997), 146.

p. 60: "Una gota de sangre negra hace a un negro". Thomas Dixon, *The Leopard's Spots: A Romance of the White Man's Burden, 1865-1900* (Nueva York: Doubleday, 1902), 244.

p. 60: "ciertas capacidades heredadas [...] astronomía". Dinesh D'Souza, *The End of Racism: Principles for a Multiracial Society* (Nueva York: Free Press, 1996), 440-41.

p. 60: los hombres negros tienen penes grandes. William Lee Howard, "The Negro as a Distinct Ethnic Factor in Civilization", *Medicine 9* (junio de 1903), 423-26.

p. 61: La maldición de Cam. Véase George Best, *A True Discourse of the Late Voyages of Discoverie* (Londres: Henry Bynneman, 1578).

p. 61: poligénesis. Véase Isaac de La Peyrère, *Men Before Adam* (Amsterdam, 1655) por Britannica britannica.com/topic/Prae-Adamitae.

p. 61: desmentida por los principios científicos. Véase Charles Darwin, *The Origin of Species* (Londres: John Murray, 1859), 6.

p. 61: "supervivencia del más apto". Herbert Spencer, *The Principles of Biology* (Londres: Williams and Norgate, 1864), 1:444-45.

p. 61: tres destinos posibles para las razas "más débiles". Albion W. Small y George E. Vincent, *An Introduction to the Study of Society* (Nueva York: American Book Company, 1894), 179.

p. 62: "[En] términos genéticos [...] somos iguales en más de un 99.9 %". The White House, Office of the Press Secretary, "Remarks Made by the President... on the Completion of the First Survey of the Entire Human Genome Project", National Human Genome Research Institute, 26 de junio de 2000, disponible en genome.gov/10001356/.

p. 62: interpretación segregacionista de la investigación. Véase Nicholas Wade, "For Genome Mappers, the

Tricky Terrain of Race Requires Some Careful Navigating", *The New York Times*, 20 de julio de 2001, disponible en nytimes. com/2001/07/20/us/for-genome-mappers-the-tricky-terrain/.

p. 62: La interpretación asimilacionista se basó en la noción de "igualdad". Ken Ham, "There Is Only One Race - The Human Race", *The Cincinnati Enquirer*, 4 de septiembre de 2017, disponible en cincinnati.com./story/opinion/ contributors/2017/09/04/there-only-one-race-human-race/ 607985001/ Véase también Ken Ham y A. Charles Ware, *One Race One Blood: A Biblical Answer to Racism* (Green Forest, AR: Master Books, 2010).

p. 64: Chester Pierce definía un nuevo término: microagresión. Chester Pierce, "Mecanismo ofensivo", en *The Black Seventies*, ed. Floyd B. Barbour (Boston, MA: Porter Sargent, 1970), 280.

p. 64: "intercambios breves y cotidianos [...] pertenencia a un grupo". Derald Wing Sue, *Microaggressions in Everyday Life: Race, Gender, and Sexual Orientation* (Hoboken, NJ: Wiley, 2010), 24.

p. 65: Gaslighting: "manipulación psicológica [...] de la realidad". "Gaslighting", Merriam-Webster, consultado el 8 de septiembre de 2022, disponible en merriam-webster.com/ dictionary/gaslighting/.

p. 65: los resultados psicológicos agravados. Sherri Gordon, "¿What Is Gaslighting?" Verywell Mind, 25 de julio de 2022, disponible en verywellmind.com/is-someone-gaslighting-you-4147470.

5. COMPORTAMIENTO

p. 68: Los teóricos proesclavistas atribuyeron estos comportamientos "deficientes" a la libertad. Philip A. Bruce, *The Plantation Negro as a Freeman: Observations on His Character, Condition, and Prospects in Virginia* (Nueva York: G. P. Putnam's Sons, 1889), 48, 242, 53, 129, 16, 42-43, 212, 3-4.

p. 68: atribuían los supuestos intelectos "lisiados", las mentes oscurecidas. William Lloyd Garrison, "Prefacio", *en Frederick Douglass, Narrative of the Life of Frederick Douglass, an American Slave* (Boston: Anti-Slavery OMce, 1849), vii.

p. 69: los negros en general son propensos a comportarse de una determinada manera. Jason L. Riley, *Please Stop Helping Us: How Liberals Make It Harder for Blacks to Succeed* (Nueva York: Encounter Books, 2015), 4.

p. 69: utilizando las palabras del doctor King para avergonzar a los niños. Ver Paul Duggan, "D.C. Residents Urged to Care, Join War on Guns", *The Washington Post*, 14 de enero de 1995, disponible en washingtonpost.com/archive/local/1995/01/14/dc-residentes-urged-to-care-join-war-on-guns/0b36f1f3-27ac-4685-8fb6-3eda372e93ac/.

p. 70: has defraudado a toda la gente negra. Véase James Forman Jr, *Locking Up Our Own: Crime and Punishment in Black America* (Nueva York: Farrar, Straus and Giroux, 2017), 195.

p. 71: brecha de rendimiento entre los estudiantes negros y básicamente todos los demás. Para consultar estos datos en el 195 Nation's Report Card, véase https://www.nationsreportcard.gov/

p. 72: curso de preparación para el examen. Véase Sean Teehan, "New SAT Paying Off for Test-Prep Industry", *The Boston*

Globe, 5 de marzo de 2016, disponible en bostonglobe.com/business/2016/03/04/new-sat-paying-off-for-test-prep-industry/blQeQKoSz1yAksN9N9463K/story.html.

p. 72: la gente puede mejorarla pagando un poco de dinero. Véase Mark Sherman, "Why We Don't Give Each Other a Break", *Psychology Today*, 20 de junio de 2014, disponible en psychologytoday.com/us/blog/real-men-dont-write-blogs/201406/why-we-dont-give-each-other-break.

p. 73: "lo haría a un ritmo acelerado a medida que la mezcla racial se hiciera más y más extensa". Carl C. Brigham, *A Study of American Intelligence* (Princeton, NJ: Princeton University Press, 1923), 210.

6. NEGRO

p. 77: En el diario de John Rolfe se encontró [...] *negars*. Véase Linton Weeks, "Anatomy of a Word", *The Washington Post*, 11 de diciembre de 2001, disponible en washingtonpost.com/archive/lifestyle/2001/12/11/anatomy-of-a-word/0d499dd4-bb6f-4bb9-a132-50420c41ceec/.

p. 78: "la condición de marido era la de esclavo". Véase "Darwin on marriage", Darwin Correspondence Project, consultado el 8 de junio de 2022, disponible en darwinproject.ac.uk/tags/about-darwin/family-life/Darwin-matrimonio

p. 78: "una persona de cualquier origen racial o étnico". Dictionary.com, consultado el 8 de septiembre de 2022, disponible en dictionary.com/browse/nigger.

p. 78: comediantes negros que se apoyan en... Ver Chris Rock, Bring the Pain, HBO, 1 de junio de 1996, disponible en youtube.com/watch?v=coC4t7nCGPs.

p. 81: Los policías negros han estado implicados.
James Forman Jr., *Locking Up Our Own: Crime and Punishment in Black America* (Nueva York: Farrar, Straus and Giroux, 2017), 107-8.

7. BLANCO

p. 89: poner fin a los programas de Acción Afirmativa. Véase Peter T. Kilborn, "Jeb Bush Roils Florida on Affirmative Action", *The New York Times*, 4 de febrero de 2000, disponible en nytimes.com/2000/02/04/us/jeb-bush-roils-florida-on-affirmative-action.html.

p. 89: se han unido a la mayoría de los floridanos negros para votar y salvar al resto de Estados Unidos de la familia Bush. "How Groups Voted in 2000", Roper Center for Public Opinion Research, disponible en ropercenter.cornell.edu/how-groups-voted-2000.

p. 89: la cara de Al Gore llena la pantalla. Véase Peter Marks, "The 2000 Elections: The Media; A Flawed Call Adds to High Drama", *The New York Times*, 8 de noviembre de 2000, disponible en nytimes.com/2000/11/08/us/the-2000-elections-the-media-a-flawed-call-adds-to-high-drama.html.

p. 89: una ventaja muy estrecha. Véase David Barstow y Don van Natta Jr., "Examining the Vote; How Bush Took Florida: Mining the Overseas Absentee Vote", *The New York Times*, 15 de julio de 2001, disponible en nytimes.com/2001/07/15/us/examining-the-vote-how-bush-took-florida-mining-the-overseas-absentee-vote.html.

p. 89: las personas nombradas por su hermano están supervisando el recuento. Lisa Getter, "Jeb Bush's Recount Role Examined", *Los Angeles Times*, 14 de julio de 2001, disponible en latimes.com/archives/la-xpm-2001-jul-14-mn-22362-story.html.

p. 89: a los negros de todo el estado se les impidió votar. Por ejemplo, véase Linda Meggett Brown, "FAMU Students Protest Election Day Mishaps in Florida", *Diverse: Issues in Higher Education*, 6 de diciembre de 2000, disponible en diverseeducation.com/article/1034/; y Jerry White, "Florida A&M Students Describe Republican Attack on Voting Rights", *World Socialist Web Site*, 6 de diciembre de 2000, disponible en wsws.org/en/articles/2000/12/flor-d06.html.

p. 90: 11 % de los votantes registrados... lista de eliminados. Véase Ari Berman, "How the 2000 Election in Florida Led to a New Wave of Voter Disenfranchisement", *The Nation*, 28 de julio de 2015, disponible en thenation.com/article/archive/how-the-2000-election-in-florida-led-to-a-new-wave-of-voter-disenfranchisement/

p. 90: se invalidaron cerca de ciento ochenta mil papeletas en unas elecciones ganadas por menos de seiscientos votos. Greg Palast, "1 Million Black Votes Didn't Count in the 2000 Presidential Election", *San Francisco Chronicle*, 20 de junio de 2004, disponible en sfgate.com/opinion/article/1-million-black-votes-didn-t-count-in-the-2000-2747895.php; y Doyle McManus, Bob Drogin y Richard O'Reilly, "Bush Wins, Gore Wins - Depending on How Ballots Are Added Up", *Chicago Tribune*, 13 de noviembre de 2001, disponible en chicagotribune.com/news/sns-ballots-story.html.

p. 90: dos mil estudiantes realizan una marcha silenciosa hasta el Capitolio. Ver Brown, "FAMU Students Protest Election Day Mishaps in Florida" y White, "Florida A&M Students Describe Republican Attack on Voting Rights".

p. 91: el origen de su supuesta naturaleza "diabólica". Véase Elijah Muhammad, *Message to the Blackman in America* (Chicago: Muhammad Temple no 2, 1965).

p. 91: un malvado científico [...] decidió vengarse creando "sobre la tierra una raza diabólica". *Ibid.*

p. 91: "estos demonios rubios, de piel pálida, fríos y de ojos azules". Malcolm X y Alex Haley, *La autobiografía de Malcolm X* (Nueva York: Random House, 2015), 190-94.

p. 91: "el infierno desgarrado por riñas y peleas". *Ibid.*

p. 92: La teoría de las dos cunas. Véase Cheikh Anta Diop, *The Cultural Unity of Negro Africa: The Domains of Patriarchy and of Matriarchy in Classical Antiquity* (París: Présence Africaine, 1962).

p. 92: producto de su crianza en la Edad de Hielo. Véase Michael Bradley, *The Iceman Inheritance: Prehistoric Sources of Western Man's Racism, Sexism and Aggression* (Toronto: Dorset Publishing, Inc.,1978), 201

p. 93: Frances Cress Welsing: "profundo sentido de insuficiencia numérica e inferioridad de color" Frances Cress Welsing, *The Isis Papers: The Keys to the Colors* (París: Présence Africaine, 1962).

8. COLOR

p. 101: la legendaria banda marcial de la FAMU. Para una historia, véase Curtis Inabinett Jr., *The Legendary Florida A&M University Marching Band: The History of "The Hundred"* (Nueva York: Page Publishing, 2016).

p. 102: eurocentrismo disfrazado de negro de piel clara. Margaret L. Hunter, *Race, Gender, and the Politics of Skin Tone* (Nueva York: Routledge, 2013), 57.

p. 103: Breve historia del blackface. Ayanna Thompson, "Blackface Is Older Than You Might Think", *Smithsonian Magazine*, 29 de abril de 2021, disponible en smithsonianmag.com/arts-culture/blackface-older-you-think-180977618/.

p. 103: colorismo, término acuñado por... Alice Walker. Véase Alice Walker, *In Search of Our Mothers' Gardens: Womanist Prose* (San Diego, CA: Harcourt Brace Jovanovich, 1983), 293.

p. 103: los esclavos de piel clara solían trabajar en casa. Véase William L. Andrews, *Slavery and Class in the American South: A Generation of Slave Narrative Testimony*, 1840-1865 (Nueva York: Oxford University Press, 2019), 102.

p. 104: Los esclavizadores incluso pagaban más por las mujeres de piel clara. Walter Johnson, *Soul by Soul: Life Inside the Antebellum Slave Market* (Cambridge, MA: Harvard University Press, 1999), 150-56.

p. 104: De hecho, se decía que los "esclavos del campo" de piel más oscura tenían cuerpos "generalmente mal formados" y cabellos "muy alejados de las leyes ordinarias de la naturaleza". Véase Samuel Stanhope Smith, *An Essay on the Causes of the Variety of Complexion and Figure in the Human Species* (Filadelfia: Robert Aitken, 1787), 57-58, 32.

p. 104: las personas de piel clara [...] tienden a recibir mejor trato. Véase Matthew S. Harrison y Kecia M. Thomas, "The Hidden Prejudice in Selection: A Research Investigation on Skin Color Bias", *Journal of Applied Social Psychology 39*, no. 1 (enero de 2009).

p. 104: algunas personas de color se esforzaron por distanciarse de las personas más oscuras. Willard B. Gatewood, *Aristocrats of Color: The Black Elite*, 1880-1920 (Bloomington: Indiana University Press, 1990), 157-63.

p. 104: las desigualdades entre claros y oscuros persisten. Véase Heather Timmons, "Telling India's Modern Women They Have Power, Even Over Their Skin Tone", *The New York Times*, 30 de mayo de 2007, disponible en nytimes. com/2007/05/30/business/media/30adco.html.

p. 104: desde China a la India, pasando por Filipinas y Brasil. Véase "Mercury in Skin Lightening Products", News Ghana, 13 de junio de 2012, disponible en newsghana.com.gh/ mercury-in-skin-lightening-products/.

p. 106: proyecto fotográfico creado por la artista brasileña Angélica Dass. Véase Fiona Macdonald, "The artist who reveals our Pantone shades", BBC Culture, 7 de noviembre de 2017, disponible en https://bbc.com/culture/ article/20171107-the-artist-who-reveals-our-pantone-shades.

9. ETNICIDAD

p. 108: Abner Louima. Véase Jim O'Grady y Beth Fertig, "Twenty Years Later: The Police Assault on Abner Louima and What it Means", WNYC News, 9 de agosto de 2017, disponible en wnyc.org/story/twenty-years-later-look-back-nypd-assault-abner-louima-and-what-it-means-today/.

p. 108: Amadou Diallo. Véase Beth Roy, *41 Shots... and Counting: What Amadou Diallo's Story Teaches Us About Policing, Race, and Justice* (Syracuse, NY: Syracuse University Press, 2009).

p. 110: La Ley de Exclusión China de 1882. Sobre la violencia y las políticas contra la inmigración asiática, véase Beth Lew-Williams, *The Chinese Must Go: Violence, Exclusion, and the Making of the Alien in America* (Cambridge, MA: Harvard University Press, 2018); y Erika Lee, *The Making of Asian America: A History* (Nueva York: Simon & Schuster, 2015).

p. 111: Algunos esclavistas franceses preferían a los congoleños. Véase Hugh Thomas, *The Slave Trade: The Story of the Atlantic Slave Trade*, 1440-1870 (Nueva York: Simon & Schuster, 2013), 399.

p. 111: preferían a los cautivos de Senegambia. *Ibid.*

p. 111: grupos étnicos de la actual Ghana. *Ibid.*, 400.

p. 111: la mayoría de los comerciantes [...] valoraban menos a los angoleños. *Ibid.*, 402.

p. 112: Los inmigrantes negros [...] consideraban a los afroamericanos. Véase Mary C. Waters, *Black Identities: West Indian Immigrant Dreams and American Realities* (Cambridge, MA: Harvard University Press, 1999), 138.

p. 112: los afroamericanos eran propensos a tachar a los inmigrantes negros. *Ibid.*, 69.

p. 112: "Deberíamos tener más gente de lugares como Noruega". Véase Trump citado en Sarah Ruiz-Grossman, "People on Twitter Tell Trump No One in Norway Wants to Come to His 'Shithole Country'", *HuffPost*, 11 de enero de 2018, disponible en huffpost.com/entry/trump-shithole-countries-norway_n_5a58199ce 4b0720dc4c5b6dc.

p. 113: los inmigrantes africanos [...] y de Asia oriental. "Who Was Shut Out?: Immigration Quotas, 1925-1927", *History Matters: The U.S. Survey Course on the Web*, disponible en historymatters.gmu.edu/d/5078.

p. 113: "creó realmente la sólida clase media de Estados Unidos". "The American People Are Angry Alright... at the Politicians", Steve Bannon entrevista a Jeff Sessions, SiriusXM, 4 de octubre de 2015, disponible en soundcloud.com/siriusxm-news-issues/the-american-people-are-angry.

p. 113: las políticas de inmigración antilatinas, antimedioorientales y antinegras promulgadas durante este periodo. Jessica Bolter, Emma Israel y Sarah Pierce, "Four Years of Profound Change: Immigration Policy during the Trump Presidency" (Washington, D.C.: Migration Policy Institute, 2022), disponible en migrationpolicy.org/research/four-years-change-immigration-trump.

p. 113: los inmigrantes cubanos [...] son vistos más favorablemente que los... mexicanos. Véase Brittany Blizzard y Jeanne Batalova, "Cuban Immigrants in the United States", Migration Policy Institute, 11 de junio de 2020, disponible en migrationpolicy.org/article/cuban-immigrants-united-states.

p. 113: Los inmigrantes de Asia oriental [...] son vistos más favorablemente que... los pueblos del sur de Asia. Véase Ellen D. Wu, *The Color of Success: Asian Americans and the Origins of the Model Minority* (Princeton, NJ: Princeton University Press, 2014).

p. 116: no consideraba a la persona del grupo étnico B como "su propia gente". John Thornton, *Africa and Africans in the Making of the Atlantic World, 1400-1800*, 2.ª ed. (Nueva York: Cambridge University Press, 1998), 99.

10. CUERPO

p. 117: predominantemente blancas. Para un buen estudio sobre la transformación de la ciudad de Nueva York, véase Walter Thabit, *How East New York Became a Ghetto* (Nueva York: NYU Press, 2005).

p. 118: "Los negros deben comprender... un rostro negro". "Transcript of President Clinton's Speech on Race Relations", CNN, 17 de octubre de 1995, disponible en cnn.com/

US/9510/megamarch/10-16/clinton/update/transcription.html.

p. 119: **vistos como "criaturas"**. Hugh Drysdale citado en Mary Miley Theobald, "Slave Conspiracies in Colonial Virginia", *Colonial Williamsburg*, Winter 2005-2006, disponible en research.colonialwilliamsburg.org/foundation/journal/winter05-06/conspiracy.cfm

p. 119: **"salvajes despiadados"**. "A Declaration of the Causes Which Impel the State of Texas to Secede from the Federal Union", Texas State Library and Archives Commission, 2 de febrero de 1861, disponible en tsl.texas.gov/ref/abouttx/secession/2feb1861.html.

p. 119: **"pobre africano […] una bestia salvaje que busca a quién devorar"**. "Tillman citado en Albert B. Hart, *The Southern South* (Nueva York: D. Appleton, 1910), 93.

p. 120: **cambios drásticos en las políticas de castigo a los jóvenes**. Véase Ann Devroy, "Crime Bill Is Signed with Flourish", *The Washington Post*, 14 de septiembre de 1994, disponible en washingtonpost.com/archive/politics/1994/09/14/crime-bill-is-signed-with-flourish/650b1c2f-e306-4c00-9c6f-80bc9cc57e55/.

p. 120: **siguen afectando desproporcionadamente a los adolescentes negros y mestizos**. Ranya Shannon, "3 Ways the 1994 Crime Bill Continues to Hurt Communities of Color", Center for American Progress, 10 de mayo de 2019, disponible en americanprogress.org/article/3-ways-1994-crime-bill-continues-hurt-communities-color/.

p. 120: **"barrios negros del centro de la ciudad"**. John Dilulio, "The Coming of the Super-Predators", *The Weekly Standard*, 27 de noviembre de 1995, disponible en washingtonexaminer.com/weekly-standard/the-coming-of-the-super-predators.

p. 121: "La mayoría de los niños de barrios marginales crecen rodeados". William J. Bennett, John J. Dilulio, Jr. y John P. Walters, *Body Count: Moral Poverty... And How to Win America's War Against Crime and Drugs* (Nueva York: Simon & Schuster, 1996), 28.

p. 121: "Una nueva generación de delincuentes callejeros está ya entre nosotros". *Ibid.*, 26.

p. 121: "jóvenes brutalmente impulsivos y despiadados". *Ibid.*, 27.

p. 121: la violencia había empezado a disminuir (drásticamente) y los homicidios se encontraban en su tasa más baja desde la década de 1980. Véase Rashawn Ray y William A. Galston, "Did the 1994 Crime Bill Cause Mass Incarceration", Brookings, 28 de agosto de 2020, disponible en brookings. edu/blog/fixgov/2020/08/28/did-the-1994-crime-bill-cause-mass-incarceration/; y Disaster Center, "United States Population and Number of Crimes 1960-2019", disastercenter.com/crime/uscrime.htm.

p. 123: hay más casos registrados de violencia en barrios "urbanos" de mayoría negra. Véase Rachel E. Morgan y Alexandra Thompson, "Criminal Victimization, 2020", Bureau of Justice Statistics, U.S. Department of Justice, octubre de 2021, 10, disponible en bjs.ojp.gov/sites/g/files/xyckuh236/files/media/document/cv20.pdf.

p. 123 la relación entre las tasas de bajos ingresos/alto desempleo. Delbert S. Elliott, "Longitudinal Research in Criminology: Promise and Practice", ponencia presentada en la NATO Conference on Cross-National Longitudinal Research on Criminal Behavior, 19-25 de julio de 1992, Fráncfort, Alemania; y Austin Nicholas, Josh Mitchell y Stephan Lindner, Consequences of Long-Term Unemployment (Washington, D.C.: Urban Institute, 2013), 1.

p. 124: Los índices de violencia tienden a ser mucho más bajos en barrios de ingresos medios y altos de mayoría negra. HUD USER, "Neighborhoods and Violent Crime", Evidence Matters, verano de 2016, disponible en huduser.gov/portal/periodicals/em/summer16/highlight2.html.

p. 124: tiroteos masivos en Estados Unidos los llevan a cabo por personas de raza blanca. The Violence Project, "¿Por qué casi todos los tiradores masivos son hombres?" The Violence Project, 29 de marzo de 2021, theviolenceproject.org/media/why-are-almost-all-mass-shooters-men/.

11. GÉNERO

p. 128: Interseccionalidad. Kimberlé Crenshaw, "Mapping the Margins: Intersectionality, Identity Politics, and Violence Against Women of Color", Stanford Law Review 43, no. 6 (julio de 1991), 1242.

p. 130: racismo de género. La definición de este término del doctor Kendi se inspira en la definición de "racismo de género" de Philomena Essed Véase Philomena Essed, *Understanding Everyday Racism: An Interdisciplinary Theory* (Newbury Park, CA: SAGE, 1991), 31.

p. 130: La raza-género con mayores ingresos medios. U.S. Bureau of Labor Statistics, "Usual Weekly Earnings of Wage and Salary Workers, First Quarter 2022", comunicado de prensa, 15 de abril de 2022, Tabla 2, bls.gov/news.release/archives/.

p. 131: Las mujeres negras con estudios universitarios ganan solo 29 dólares más a la semana. U.S. Department of Labor, Women's Bureau, "Women's Median Weekly Earnings by Educational Attainment, Race, and Hispanic Ethnicity (Annual)", 2020, disponible en dol.gov/agencies/wb/data/earnings/Women-median-weekly-earnings-educational-attainment-race-Hispanic-ethnicity.

p. 131: Las mujeres negras tienen que obtener un título. *Ibid.*

p. 131: Las mujeres negras y nativas sufren la pobreza en mayor medida. Véase Robin Bleiweis, Diana Boesch y Alexandra Cawthorne Gaines, "The Basic Facts about Women in Poverty", Center for American Progress, 3 de agosto de 2020, americanprogress.org/article/basic-facts-women-poverty/.

p. 131: Las mujeres negras tienen tres veces más probabilidades de morir. Centers for Disease Control and Prevention, "Working Together to Reduce Black Maternal Mortality", 6 de abril de 2022, disponible en cdc.gov/healthequity/features/maternal-mortality/index.html.

p. 131: Las niñas negras tienen tres veces más probabilidades de ser encarceladas. The Sentencing Project, "Incarcerated Women and Girls", 12 de mayo de 2022, 5, disponible en sentencingproject.org/publications/incarcerated-women-and-girls/.

p. 131: La tasa de natalidad entre las adolescentes negras y latinas es más del doble que la de las blancas. Centers for Disease Control and Prevention (CDC), "About Teen Pregnancy", 15 de noviembre de 2021, disponible en cdc.gov/teenpregnancy/about/index.htm.

p. 131: ganan 0.64 y 0.57 dólares respectivamente por cada dólar que ganan los hombres blancos con exactamente las mismas cualificaciones. Robin Bleiweis, Jocelyn Frye y Rose Khattar, "Women of Color and the Wage Gap", Center for American Progress, 17 de noviembre de 2021, disponible en american progress.org/article/women-of-color-and-the-wage-gap/.

p. 131: "Ser reconocido como humano…". Declaración Colectiva del Río Combahee, abril de 1977, citada en *Ibid.*, 19.

p. 133 Declaración Colectiva del Río Combahee. Véase Keeanga-Yamahtta Taylor, ed., *How We Get Free: Black Feminism and the Combahee River Collective* (Chicago: Haymarket Books, 2017).

12. ORIENTACIÓN

p. 138: Los gais negros tienen menos probabilidades de mantener relaciones sexuales sin protección […] consumir drogas ilícitas. Véase Jacob Anderson-Minshall, "What's At The Root of the Disproportionate HIV Rates for Black Men?", *Plus*, 6 de marzo de 2017, disponible en hivplus-mag.com/stigma/2017/3/06/whats-root-disproportionate-hiv-rates-their-queer-brothers.

p. 138: la mayoría de los gais negros no contraen el VIH. *Ibid.*

p. 140: Para ser antirracista, todas las vidas negras tienen que importarte. Véase Foluké Tuakli y Chandelis R. Duster, "Black Lives Matter Move Awarded Sydney Peace Prize for Activism", NBC News, 2 de noviembre de 2017, disponible en nbcnews.com/news/nbcblk/black-lives-matter-movement-awarded-sydney-peace-prize-activism-n816846.

13. CLASE

p. 144: los barrios más peligrosos de Filadelfia. Véase Nick Johnson, "The 10 Worst Neighborhoods In Philadelphia For 2022", RoadSnacks, 6 de abril de 2022, disponible en roadsnacks.net/worst-philadelphia-neighborhoods/.

p. 145: los orígenes del gueto. Para más información, véase Mitchell Duneier, *Ghetto: The Invention of a Place, the History of an Idea* (Nueva York: Farrar, Straus, and Giroux, 2016).

p. 145: "guetos negros". Kenneth B. Clark, *Dark Ghetto: Dilemmas of Social Power* (Nueva York: Harper & Row, 1965).

p. 147: "basura blanca". Véase Nancy Isenberg, *White Trash: The 400-Year Untold History of Class in America* (Nueva York: Viking, 2016).

p. 147: un estudio etnográfico de las familias mexicanas. Oscar Lewis, *Five Families: Mexican Case Studies in the Culture of Poverty* (Nueva York: Basic Books, 1959).

p. 148: "Las personas con una cultura de la pobreza". Oscar Lewis, "The Culture of Poverty", *Transaction* 1 (1963), 17-19.

p. 148: "Existe esta cultura decadente […] de hombres que no trabajan". Ryan citado en Zak Cheney-Rice, "Paul Ryan's Racist Comments Are a Slap in the Face to 10.5 Million Americans", *Mic*, 13 de marzo de 2014, disponible en mic.com/articles/85223/paul-ryan-s-racist-comments-are-a-slap-in-the-face-to-10-5-million-americans.

p. 148: Lo que comenzó como *redlining* en la década de 1930. Véase Richard Roth-stein, *The Color of Law: A Forgotten History of How Our Government Segregated America* (Nueva York: Liveright Publishing Corporation, 2017).

14. CULTURA

p. 152: lenguas creadas por los africanos esclavizados en las colonias europeas. Véase John Baugh, *Out of the Mouths of Slaves: African American Language and Educational Malpractice* (Austin: University of Texas Press, 1999); Barbara Lalla y Jean D'Costa, *Language in Exile: Three Hundred Years of Jamaican Creole* (Tuscaloosa: University of Alabama Press, 1990); Arthur K. Spears y Carole M. Berotte Joseph, editores, *The Haitian Creole Language: History, Structure, Use, and Education* (Lanham, MD: Lexington Books, 2010); Steven Byrd, *Calunga and the Legacy of an African Language in Brazil* (Albuquerque: University of New Mexico Press, 2012); y John M. Lipski, *A History of Afro-Hispanic Language: Five Centuries, Five Continents* (Cambridge, Reino Unido: Cambridge University Press, 2005).

p. 152: *ebonics*. Robert L. Williams, *History of the Association of Black Psychologists: Profiles of Outstanding Black Psychologists* (Bloomington, IN: AuthorHouse, 2008), 80. Véase también Robert L. Williams, *Ebonics: The True Language of Black Folks* (St. Louis, MO: Institute of Black Studies, 1975).

p. 154: culturas basadas en Europa en la cima. Gunnar Myrdal, *An American Dilemma: The Negro Problem and Modern Democracy* (Nueva York: Harper, 1944), 2:928-29.

p. 157: "Todas las culturas deben ser juzgadas [...] una sola cultura". Ashley Montagu, *Man's Most Dangerous Myth: The Fallacy of Race*, 2.ª ed. (Nueva York: Columbia University Press, 1945), 150.

15. ESPACIO

p. 163: lucha intelectual. Molefi Kete Asante, *Afrocentricity* rev. ed. (Trenton, NJ: Africa World Press, 1988), 104.

p. 166: siete de las ocho universidades de la Ivy League se fundaron entre... Disponible en bestcolleges.com/blog/history-of-ivy-league/

p. 166: las HBCU [...] no representan "el mundo real". Evelyn Diaz, "Hold Up: Aisha Tyler Thinks HBCUs Are Bad for Black Students?", BET, 28 de abril de 2016, disponible en bet.com/celebrities/news/2016/04/28/aisha-tyler-slams-hbcus.html.

p. 167: Cuando se dictó la sentencia de que las escuelas segregadas... *Brown v. Board of Education of Topeka*, 347 U.S. 483 (1954), disponible por cortesía del Instituto de Información Jurídica de la Facultad de Derecho de Cornell en law.cornell.edu/supremecourt/text/347/483%26gt#writing-ZS.

16. FRACASO → ÉXITO

p. 173: El "árbol blanco". American Civil Liberties Union (ACLU), "Background: Jena 6", disponible en aclu.org/other/background-jena-6.

p. 174: Seis estudiantes negros, entre ellos una estrella del fútbol... Para una buena entrevista que detalla el caso, véase "The Case of the Jena Six: Black High School Students Charged with Attempted Murder for Schoolyard Fight After Nooses Are Hung from Tree", *Democracy Now*, 10 de julio de 2007, disponible en democracynow.org/2007/7/10/the_case_of_the_jena_six.

p. 175: leyes de registro de votantes que limitan desproporcionadamente a los votantes de color, en particular a los votantes negros. "The Impact of Voter Suppression on Communities of Color", Brennan Center for Justice, 10 de enero de 2022, disponible en brennancenter.org/our-work/research-reports/impact-voter-suppression-communities-color.

p. 180: las mentes racistas no cambiaron hasta después de que lo hicieran las políticas racistas. Lawrence D. Bobo, Camille Z. Charles, Maria Krysan y Alice D. Simmons, "The Real Record on Racial Attitudes", en *Social Trends in American Life: Findings from the General Social Survey Since 1972*, ed., Peter V. Marsden (Princeton, NJ: Princeton University Press, 2012), 47.

p. 181: "Si merece la pena alcanzarlo…" "The Death of Oscar Wilde", Squaducation, disponible en squaducation.com/blog/death-Oscar-wilde.

17. LAS CUATRO "C" DEL CAMBIO

p. 182: la policía en los estados del sur naciera de patrullas de esclavos. Véase Sally E. Hadden, *Slave Patrols: Law and Violence in Virginia and the Carolinas* (Cambridge, MA: Harvard University Press, 2003).

p. 183: la idea de "policía". Jean-Paul Brodeur, Thomas Whetstone, William Francis Walsh, Michael Parker Banton y George L. Kelling, "Police", *Encyclopedia Britannica*, 17 de diciembre de 2021, disponible en britannica.com/topic/police.